DIÓGENES
VIDAS E DOUTRINAS DOS FILÓSOFOS ILUSTRES

LIVRO VII

DIÓGENES

VIDAS E DOUTRINAS DOS FILÓSOFOS ILUSTRES

LIVRO VII

ENCONTRE MAIS
LIVROS COMO ESTE

Copyright desta tradução © IBC - Instituto Brasileiro De Cultura, 2024

Título original: The Lives and Opinions of Eminent Philosophers, Book VII - Stoics
Reservados todos os direitos desta tradução e produção, pela lei 9.610 de 19.2.1998.

1ª Impressão 2024

Presidente: Paulo Roberto Houch
MTB 0083982/SP

Coordenação Editorial: Priscilla Sipans
Coordenação de Arte: Rubens Martim
Tradução e Apoio de Revisão: Leonan Mariano

Vendas: Tel.: (11) 3393-7727 (comercial2@editoraonline.com.br)

Foi feito o depósito legal.
Impresso na China

Dados Internacionais de Catalogação na Publicação (CIP)
de acordo com ISBD

C181v   Camelot Editora

Vidas e Doutrinas dos Filósofos Ilustres - Diógenes Laércio /
Camelot Editora. – Barueri : Camelot Editora, 2023.
128 p. ; 15,1cm x 23cm.

ISBN: 978-65-6095-015-3

1. Filosofia. 2. Diógenes Laércio. I. Título.

2023-3448
                                    CDD 100
                                    CDU 1

Elaborado por Vagner Rodolfo da Silva - CRB-8/9410

IBC — Instituto Brasileiro de Cultura LTDA
CNPJ 04.207.648/0001-94
Avenida Juruá, 762 — Alphaville Industrial
CEP. 06455-010 — Barueri/SP
www.editoraonline.com.br

SUMÁRIO

Vida de Zenão 7

Vida de Aríston 94

Vida de Hérilos 97

Vida de Dionísio 99

Vida de Cleantes 101

Vida de Esfero 108

Vida de Crisipo 110

VIDA DE ZENÃO

I - Zenão foi filho de Mnaseas, ou Demeas, e nativo de Cítio, no Chipre, que é uma cidade grega parcialmente ocupada pelos fenícios.

II - Ele tinha a cabeça um pouco inclinada para um dos lados, como Timóteo de Atenas nos diz em seu trabalho *Em Vidas*[1]. E Apolônio de Tiana[2] diz que ele era magro, muito alto e de tez escura; em referência ao fato de alguém tê-lo chamado, um dia, de parreira egípcia[3], como Crisipo[4] relata no primeiro volume de seus *Provérbios*[5]: ele tinha pernas gordas, flácidas e fracas, e sobre ele, Perseu[6], em suas *Reminiscências*[7], diz que ele costumava recusar convites para jantar; e tinha muito gosto, como se dizia, por figos frescos e deitar-se ao sol.

III - Ele era um pupilo, é dito, de Crates[8]. Após isso, dizem que ele se tornou um pupilo de Estilpo[9] e

---

1 Do inglês: *On Lives*, obras com esse mesmo nome podem ser relacionadas a outros autores. (N. do T.)
2 Apolônio de Tiana (15 d.C. - 98 d.C.) foi um filósofo neo-pitagórico que aderiu ao ascetismo como forma de vida. (N. do T.)
3 Uma parreira egípcia tem cor escura. (N. do T.)
4 Crisipo de Solos (? - 206 a.C.) foi um dos maiores disseminadores do Estoicismo e discípulo de Cleantes de Assos. É considerado o Estoico mais fervoroso na defesa dos ideais desta filosofia. (N. do T.)
5 Do inglês: *Proverbs*. (N. do T.)
6 Perseu de Cítio (306 a.C. - 243 a.C.) foi um filósofo estoico e aprendiz de Zenão, chegando a morar na mesma casa que seu mestre. (N. do T.)
7 Do inglês: *Convival Reminiscences*. (N. do T.)
8 Crates de Tebas (365 a.C. - 285 a.C.) foi um filósofo cínico muito respeitado pelo povo de Atenas devido à sua fidelidade aos seus ideais. (N. do T.)
9 Estilpo (360 a.C. - 280 a.C.) foi um filósofo da escola megárica cujas opiniões tratando-se da ética eram análogas às dos cínicos. (N. do T.)

de Xenócrates[10] durante dez anos, como Timócrates menciona em sua obra *Vida de Dião*[11]. Também se diz que foi pupilo de Polêmon[12]. Mas Hecato[13] e Apolônio de Tiana, em seu primeiro livro sobre Zenão, dizem que quando consultou o oráculo sobre o que deveria fazer para viver da melhor maneira possível, o deus respondeu que ele deveria possuir a mesma mentalidade que a dos mortos, o que o fez voltar-se aos livros dos antigos. De acordo com Apolônio, ainda, foi assim que ele se afiliou a Crates. Ao conseguir uma certa quantidade de riqueza da Fenícia, ele naufragou próximo a Pireu; e quando fez seu caminho da costa até Atenas, sentou-se na barraca de um vendedor de livros, então com aproximadamente trinta anos de idade. Pegou o segundo livro de *Memorabilia*[14], de Xenofonte[15], começou a lê-lo, ficou maravilhado com ele e perguntou onde ficam os homens iguais a Sócrates; e como Crates estava passando por lá naquele momento muito oportuno, o vendedor de livros apontou para ele e disse: "Siga aquele homem". Daquele momento em diante, ele se tornou pupilo de Crates; mas embora tivesse muito entusiasmo quanto

---

10 Xenócrates (396 a.C. - 314 a.C.) foi um filósofo grego que serviu de referência para escola helenística com a sua divisão da filosofia em três partes: física, ética e lógica. (N. do T.)
11 Do inglês: *Dion*. (N. do T.)
12 Polêmon de Atenas (314 a.C. - 270 a.C.) foi um filósofo platonista e terceiro sucessor de Platão na Academia de Platão. Acreditava que era ideal viver de acordo com a natureza. (N. do T.)
13 Hecato de Rodes foi um filósofo estoico importante de seu tempo, apesar disso, suas obras não sobreviveram ao tempo. (N. do T.)
14 *Ditos e Feitos Memoráveis de Sócrates*, também conhecido pela expressão latina *Memorabilia*, é uma obra do filósofo Xenofonte que relata diálogos e atos do filósofo Sócrates. Entende-se que houve uma confusão com os nomes de Sócrates e Crates, daí a relação entre o livro e o filósofo, apesar de Crates não ser mencionado na obra. (N. do T.)
15 Xenofonte (431 a.C. - ?) foi um militar, historiador e filósofo discípulo de Sócrates. (N. do T.)

aos seus estudos de filosofia, ainda era muito modesto para o impudor dos Cínicos. Com isso, Crates, a fim de curá-lo dessa falsa vergonha, deu-lhe uma tigela de mingau de lentilha para carregar pelo Cerameico[16]; e quando percebeu que ele estava envergonhado e que tentava esconder a tigela, atingiu-a com seu cajado e a quebrou; quando Zenão fugiu, e o mingau escorreu pelas suas pernas, Crates o chamou: "Por que correr, meu pequeno fenício? Não fizeste nada de errado". Por algum tempo ele continuou sendo pupilo de Crates, e quando escreveu seu tratado intitulado *República*[17], alguns disseram, em tom de brincadeira, que este tinha sido escrito sobre o rabo de um cachorro.

IV - Além de *República*, também foi autor das seguintes obras: um tratado *Sobre a Vida de Acordo com a Natureza*; um sobre o *Apetite, ou a Natureza do Homem*; um *Sobre Paixões*; um *Sobre Dever*; um *Sobre a Lei*; um *Sobre a Educação dos Gregos*; um *Sobre a Visão*; um *Sobre o Todo*; um *Sobre Sinais*; um *Sobre as Doutrinas dos Pitagóricos*; um *Sobre Coisas em Geral*; um *Sobre Variedade de Estilos*; *Cinco Discursos Sobre Problemas Relacionados a Homero*; um *Sobre a Leitura da Poesia*. Existe também um livro dele chamado *Guia Sobre Retórica*, um sobre *Respostas*, dois *Sobre Réplicas*, *Reminiscências de Crates*, e um chamado de *Ética*. São estes os livros de sua autoria.[18]

---

16 Cemitério da cidade onde também ficavam escultores, atualmente é o Sítio Arqueológico de Kerameikos, que pode ser visitado. Uma parte do local ficava dentro da cidade (onde trabalhavam os escultores) e outra fora (onde os mortos eram enterrados). (N. do T.)
17 Do inglês: *Republic*. (N. do T.)
18 Os nomes das obras em inglês são esses, respectivamente: *Of Life according to Nature*; *Of Impulse, or Human Nature*; *Of Emotions*; *Of Duty*; *Of Law*; *Of Greek Education*; *Of Vision*; *Of the Whole World*; *Of Signs*; *Pythagorean Questions*;

V - Então, abandonou Crates e se tornou pupilo dos filósofos que mencionei anteriormente, com quem seguiu por vinte anos. Assim, fica explicado o que ele quis dizer com: "Agora sei que fiz uma viagem próspera quando me perdi". Porém, alguns afirmam que ele deu tal discurso se referindo a Crates. Outros dizem que, enquanto estava em Atenas, ouviu falar do naufrágio de seu barco e disse: "A Fortuna fez bem em me guiar à filosofia". Mas como outros relataram este caso, não houve nenhum naufrágio, mas toda sua carga foi vendida antes de se voltar à filosofia.

VI - Costumava andar para cima e para baixo pelo belo pórtico pintado, que também era chamado de Pórtico de *Pisianax*, que recebeu esse nome devido às pinturas de Polignoto[19], e lá ele dava seus discursos, desejando tornar aquele um lugar tranquilo; pois, durante a época d'Os Trinta Tiranos[20], cerca de mil e quatrocentos cidadãos foram mortos ali por eles.

VII - É dito, então, que homens iam até lá para ouvi-lo, e assim, seus pupilos foram chamados de homens da *stoa*, ou estoicos, da mesma forma também foram chamados seus sucessores, que primeiro foram chamados de zenonianos, como Epicuro[21] relata em suas cartas. E antes disso, eram

---

Universals; Of Varieties of Style; Of the Reading of Poetry; A Handbook of Rethoric; Solutions; Two Books of Refutations; Recollections of Crates; Ethics. (N. do T.)
19 Polignoto (500 a.C. - ?) foi um pintor grego nativo de Tasos, mas aceito pelos atenienses como cidadão de Atenas. (N. do T.)
20 Com o fim da guerra do Peloponeso, subiram ao poder uma oligarquia de trinta magistrados que ficaram conhecidos como Os Trinta Tiranos, que governaram por oito anos. (N. do T.)
21 Epicuro de Samos (341 a.C. - 270 a.C.) foi um filósofo grego do período helenístico que acreditava ser natural do homem afastar-se da dor e aproximar-se do prazer. Seus ideais e filosofia divergiam muito dos do estoicismo. (N. do T.)

os poetas que frequentavam o pórtico (do grego στοὰ, stoá) que foram chamados estoicos, como somos informados por Eratóstenes[22], em seu oitavo livro do tratado *Sobre a Velha Comédia*[23], e foram eles que tornaram esse título conhecido. Os atenienses tinham grande respeito por Zenão, de forma que deram a ele chaves das muralhas, e também o honraram com uma coroa dourada e uma estátua de bronze: e assim foi feito também pelos seus conterrâneos, que pensaram que a estátua de tal homem fosse uma honra para a cidade, e os citianos, do distrito de Sídon, orgulhavam-se por chamá-lo de conterrâneo.

VIII - Ele também foi muito respeitado por Antígono[24] que, sempre que ia para Atenas, ouvia seus ensinamentos, e sempre o convidava para visitá-lo. Esse convite foi recusado, mas enviou Perseu, um de seus amigos íntimos, filho de Demétrio[25], e um citiano de berço, que se tornou proeminente durante a 130ª Olimpíada (260 - 256 a.C.), quando Zenão já era um homem velho. A carta de Antígono a Zenão dizia assim:

"*Rei Antígono para Zenão, o Filósofo, saudações.*
Acredito que com boa sorte e glória, tenho vantagem sobre ti; mas se tratando de razão e educação, sou inferior a você, da mesma forma sou, ao se tratar da perfeita felicidade que você alcançou. Com isso, pensei que fosse bom contatá-lo,

---

22 Eratóstenes de Cirene (? - 194 a.C.) foi um estudioso grego que estudava diversas áreas, desde poesia até astronomia. Foi ele que realizou o cálculo que mediu a circunferência da terra.
23 Do inglês: *On the Old Comedy*. (N. do T.)
24 Antígono II Gónatas (319 a.C. - séc. II a.C.) foi o governante que estabeleceu a Dinastia Antigônida, se tornou muito conhecido ao vencer os gauleses que invadiram a península balcânica. (N. do T.)
25 Demétrio I (336 a.C. - 283 a.C.) foi filho de Antígono Monoftalmo e herdou sua coroa após a morte do pai. Também era chamado de Poliórcetes. (N. do T.)

e convidá-lo a me visitar, estando convencido de que não recusaria o que lhe é pedido. Tente, sendo assim, de todas as formas vir até mim, considerando este fato de que não será apenas meu instrutor, mas de todos os macedônios juntos. Pois aquele que guia o soberano dos macedônios, e que o guia no caminho da virtude, evidentemente é soberano em todos os assuntos na estrada rumo à felicidade. Pois, como é o soberano, a maior parte de seu povo também deve ser."

E Zenão respondeu da seguinte maneira:

"Zenão para o rei Antígono, saudações.

Eu admiro seu desejo de aprender como sendo uma verdadeira ferramenta para os desejos da humanidade, e uma que também se inclina às suas vantagens. E o homem que visa o estudo da filosofia tem uma despreocupação própria com o tipo comum de instrução que visa apenas a corrupção da moral. E você, passando pelos prazeres dos quais se fala tanto, os quais fazem a mente de um homem jovem fraquejar, mostram claramente que você se guia em uma nobre busca, não meramente por ser sua natureza, mas por ser uma escolha deliberada. E uma natureza nobre, quando recebe treinamento, por menor que seja, e se encontra com aqueles que ensinam abundantemente, atinge sem dificuldade a obtenção da perfeita virtude. Mas agora sinto minha saúde corporal impedida pela idade avançada, pois tenho oitenta anos: sendo assim, não sou capaz de ir visitá-lo. Mas envio a ti alguns daqueles que estudaram comigo, os quais, no que concerne ao estudo que tem ligação com a alma, não são inferiores a mim em qualquer forma ou grau, e em seu vigor físico, são grandemente superiores. E caso se junte a eles, não vai lhe faltar nada que possa iluminar o teu caminho à felicidade perfeita."

Então enviou Perseu e Philonides[26], o Tebano, os quais ambos são mencionados por Epicuro em uma carta ao seu irmão, Aristobulus, como sendo companheiros de Antígono.

IX - E entendo como algo válido, também, apontar o decreto dos atenienses a seu respeito; e este fora formulado da seguinte forma:

"No arcontado de Arrhenides[27], na quinta presidência da tribo de Acamantis, no vigésimo primeiro dia do mês *Maimacterion*[28]. No vigésimo terceiro dia da mencionada presidência, em uma assembleia apropriadamente reunida, Hippo, o filho de Cratistoteles, do demo[29] de Xipation, sendo um dos presidentes, e os outros presidentes, seus colegas, trazem este decreto a voto. E tal decreto foi proposto por Thrason, filho de Thrason, do demo de Anacaia.

"Uma vez que Zenão de Cítio, filho de Mnaseas, passou vários anos na cidade estudando a filosofia, sendo, sob todos os aspectos, um bom homem, e também encorajando todos os homens jovens que buscavam sua companhia a praticar a virtude, e motivando-os na prática da temperança, tornando sua própria vida um modelo a todos os homens da maior excelência, já que sua existência tem correspondido de todas as maneiras às doutrinas que ensinou; foi determinado pelo povo (e que a determinação seja vitoriosa), louvar Zenão,

---
26 Philonides de Tebas foi um filósofo estoico que aprendeu com Zenão. Pouco é conhecido sobre sua vida. (N. do T.)
27 Arconte de Atenas por cerca de 262 a.C.
28 Quinto mês do ano, equivalente ao nosso mês de maio (N. do T.)
29 O título que se dava a uma subdivisão de uma cidade grega. (N. do T.)

o filho de Mnaseas, o Citiano, e presenteá-lo com uma coroa dourada de acordo com a lei, devido à sua virtude e equilíbrio, e construir para ele uma tumba no Cerameico, com verba pública. E o povo apontará cinco homens dentre os cidadãos de Atenas, que devem garantir a feitura da coroa e a construção da tumba. E o escriba do distrito deve preparar o decreto e gravá-lo em dois pilares, e a ele será permitido colocar um pilar na Academia e outro no Liceu. E aquele que for apontado como o supervisor do trabalho deve repartir o preço que os pilares somam, de modo que todos possam entender que todo o povo de Atenas honra homens bons em vida e após sua morte. E Thrason de Anacaia, Philocles do Pireu, Phaedrus de Anaplhystos, Medon de Acharnae, Micythus de Sypalettus, e Dião de Paiania foram assim apontados para supervisionar a construção da tumba."

Estes são os termos do decreto.

X - Mas Antígono de Caristo diz que o próprio Zenão nunca negou ser nativo de Cítio. Em certa ocasião, contribuiu com a construção de alguns dos banhos públicos, e, ao ver seu nome sendo cunhado como "Zenão, o Filósofo", ele os fez acrescentar "de Cítio".

XI - Em outra situação, quando tinha feito uma tampa oca para um vasilhame, ele o carregava para conseguir dinheiro, buscando um alívio para as dificuldades que angustiavam seu mestre, Crates. E dizem que, quando ele chegou na Grécia, possuía mais de mil talentos[30], os quais emprestava a juros náuticos[31].

---

30 Moeda, unidade de medida para peso (N. do T.)
31 Era decretado que, para assegurar que o empréstimo fosse pago, ficava como garantia a carga enviada com esse dinheiro ou o próprio barco utilizado no transporte. (N. do T.)

XII - E costumava comer pequenos pães e mel, e beber pequenas quantidades de vinho com aroma adocicado.

XIII - Raramente contratava servos homens; vez ou outra, contratava uma garota jovem para atendê-lo para que não fosse confundido com um misógino. Viveu na mesma casa com Perseu e certa vez, quando este trouxe uma flautista até lá, Zenão não demorou a apontá-la na direção de Perseu.

XIV - É dito que ele se adaptava muito bem às circunstâncias; tanto que Antígono, o rei, o surpreendia com festas barulhentas, e uma vez o levou para jantar consigo e com outros festeiros na casa de Aristóteles, o músico, mas Zenão logo foi embora, despercebido.

XV - Também é dito que ele evitava se aproximar das pessoas com muito cuidado, tanto que costumava se sentar na ponta de um banco, de forma a evitar ser incomodado de alguma maneira. E nunca costumava andar com mais do que dois ou três acompanhantes. E ele costumava, em certas ocasiões, exigir uma quantia de dinheiro de todos que vinham ouvi-lo, a fim de não ser incomodado pela multidão. Essa história é contada por Cleantes[32], em seu tratado *Sobre o Bronze*[33]. E quando se via cercado por alguma multidão, ele apontava para a balaustrada de madeira no topo do colunado que cercava o altar e dizia: "Isso estava, antes, no meio deste lugar, mas foi movido por estar no caminho das pessoas; e agora, se saírem do meio, também me incomodarão muito menos."

---

32 Cleantes de Assos (331 a.C. - 232 a.C.) foi um filósofo estoico, discípulo de Zenão e seu sucessor na liderança da Escola Estoica. Com as ideias do materialismo e do panteísmo, avançou os ensinamentos estoicos na física e lecionou Crisipo de Solos, que veio a ser seu sucessor. (N. do T.)
33 Do inglês: *On Bronze*. (N. do T.)

XVI - E quando Demócares[34], filho de Laques, o abraçou uma vez, e disse que ele poderia dizer ou escrever o que quisesse a Antígono, que sempre fez tudo por ele, Zenão, ao ouvir isso, evitou sua companhia dali em diante. Ouvia-se que, após a morte de Zenão, Antígono disse: "Que espetáculo perdi." Nessa ocasião, ele enviou Thrason, seu embaixador, a fim de rogar aos atenienses para que o filósofo fosse enterrado no Cerameico. E quando foi questionado sobre o porquê de tanta admiração por ele, Antígono respondeu: "Porque, embora eu desse a ele muitos presentes grandiosos, ele nunca ficou eufórico por causa deles, e nunca se humilhou por eles."

XVII - Ele foi um homem com espírito muito investigativo, um que questionava tudo minuciosamente; sobre o que Tímon[35], em sua obra compilada, *Silloi*, diz:

> *Vi uma velha senhora na fenícia,*
> *Faminta e avarenta, orgulhosamente sombria,*
> *Desejosa de tudo. Ela tinha um cesto*
> *Tão repleto de furos, que nada segurava.*
> *Igualmente, sua mente não era mais afiada que um banjo[36].*

Ele costumava estudar muito cuidadosamente com Filo, o dialético[37], debatendo com ele quando passavam tempo juntos; por isso, Zenão, que era mais novo, despertou por

---

[34] Demócares de Leuconoe (355 a.C. - 275 a.C.) foi um dos poucos atenienses célebres durante o declínio da cidade. (N. do T.)
[35] Tímon de Flios (320 a.C. - 230 a.C.) foi um filósofo cético. Escreveu uma série de poemas satíricos compilados sob o nome de Silloi. (N. do T.)
[36] No original foi utilizada a palavra *skindapsus*, um tipo de violão ou violino. (N. do T.)
[37] Filo, o Dialético foi um filósofo da escola megárica, local e época do seu nascimento e morte são desconhecidos. (N. do T.)

ele uma admiração tão grande quanto a que sentia por seu mestre, Diodorus[38].

XVIII - Havia, ainda, muitos pedintes próximos a ele, como Tímon nos conta dizendo:

Até mesmo uma vasta nuvem de pedintes aglomerou
Homens mais pobres que todos os outros no mundo,
E dos mais miseráveis cidadãos de Atenas.

E ele mesmo era um homem de temperamento amargo e ressentido, com uma permanente expressão de desconforto. Era muito avarento, e tomava até atitudes dignas de bárbaros em nome da economia.

XIX - Se reprovava alguém, fazia isso de forma breve e sem exageros, á distância de um braço. Faço alusão, por exemplo, à maneira como ele falava sobre um homem que se esforçava muito tentando se destacar, pois uma vez que estava cruzando uma poça com muita hesitação, ele disse: "Ele está certo em reprovar a lama, pois não se enxerga nela." E quando um cínico, um dia, disse que não tinha óleo em sua lamparina e pediu por mais, ele se recusou a dar, mas, ao vê-lo partir, perguntou-lhe qual dos dois era mais impudente. Tinha grande carinho por Cremônides[39]; e certa vez, quando Cleantes e Cremônides se sentaram perto de Zenão, este se levantou; e quando Cleantes mostrou surpresa por isso, ele disse: "Ouço de médicos habilidosos que o melhor que

---

38 Diodorus Cronus foi um filósofo dialético da escola megárica conhecido pelo argumento de resposta ao debate de Aristóteles sobre futuros contingentes. (N. do T.)
39 Cremônides (285 a.C. - ?) foi um general e estadista ateniense que realizou um acordo de união entre Esparta, Atenas e Ptolomeu II, rei macedônio do egito, em oposição ao rei Antígono da Macedônia, causando a Guerra Cremonidiana. (N. do T.)

há para inflamação é o descanso." Uma vez, quando duas pessoas estavam sentadas à sua frente em uma mesa de banquete, e a que estava de um lado chutava a outra com o pé, ele mesmo a chutou com o joelho; e quando questionado sobre a razão disso, disse: "Por que pensa que o seu vizinho deve ser tratado desta maneira por você?".

Em determinada ocasião, ele disse a um homem que se deitava com rapazes: "Assim como mestres perdem seu intelecto por andar com garotos, o mesmo acontece com pessoas como você." Ele também dizia que os discursos daqueles homens que cuidadosamente evitavam equívocos e seguiam as regras mais rígidas de composição, eram como a moeda Alexandrina[40], eram boas de se olhar e muito bem-feitas para uma moeda, porém isso não as tornou mais valiosas; mas aqueles que não eram tão marcantes ele comparava ao tetradracma[41] da Ática, que era cunhado despretensiosamente e sem grande cuidado, e assim disse que seus discursos, por vezes, pesavam mais em relação aos de outros, com estilo mais rebuscado. E quando Aríston[42], seu discípulo, falava muito e com pouca perspicácia, mas ainda manejava grande prontidão e confiança, disse a ele: "Seria impossível você falar assim se o seu pai não estivesse bêbado quando o concebeu", e por essa razão ele o apelidou de "falastrão", já que era tão conciso em seus discursos. Uma vez, estava acompanhado de um epicurista que costumava não deixar nada para seus amigos. Quando um grande

---
40 Moeda de um dracma com o rosto do imperador Alexandre, o Grande, cunhado. (N. do T.)
41 Moeda de prata equivalente a quatro dracmas. (N. do T.)
42 Aríston de Quios (320 a.C. - ?) foi um filósofo estoico e aprendiz de Zenão. (N. do T.)

peixe foi posto à sua frente, Zenão pegou tudo como se aguentasse comer o peixe inteiro; e quando os outros o olharam, estupefatos, ele disse: "O que acha que seus companheiros sentem todo dia, se você não suporta minha gula um único dia?".

Certa vez, quando um jovem lhe fazia perguntas com uma insistência inadequada para sua idade, ele o levou até um espelho e ordenou que se olhasse, perguntando-lhe se tais perguntas pareciam apropriadas para a face que via ali. E quando um homem disse uma vez diante dele que, na maioria dos pontos, não concordava com as doutrinas de Antístenes[43], ele citou um aforismo de Sófocles e perguntou se achava que havia muito sentido nisso, e quando ele disse que não sabia, Zenão respondeu: "Você não tem vergonha, então, de se lembrar de qualquer coisa ruim que possa ter sido dita por Antístenes, mas não considerar ou lembrar-se do que é dito de bom?" Um homem disse uma vez que os ditos dos filósofos lhe pareciam muito breve; "Você diz a verdade", respondeu Zenão, "e suas sílabas também deveriam ser curtas, se isso for possível". Quando alguém falou sobre Polêmon e disse que ele propunha uma questão para discussão e depois argumentava outra, Zenão ficou zangado e disse: "A que valor ele estimou o assunto que foi proposto?" E ele disse que um homem que fosse discutir uma questão deveria ter uma voz alta e muita energia, como os atores, mas não abrir muito a boca, o que aqueles que falam muito, mas apenas dizem bobagens, geralmente fazem. E costumava dizer que não era necessário para aqueles que argumentavam

---

[43] Antístenes (445 a.C. - 365 a.C.) foi um filósofo grego considerado o fundador da escola cínica. (N. do T.)

bem deixar espaço para que seus ouvintes observassem sua excelência, como fazem os bons artesãos que querem que seu trabalho seja visto; mas, pelo contrário, que aqueles que ouvem estejam tão atentos a tudo o que é dito de forma a não ter tempo nem mesmo para tomar notas.

Uma vez, enquanto um homem jovem falava demais, ele disse: "Suas orelhas escorregaram e se uniram a sua língua". Em uma ocasião, um homem muito belo dizia que um homem sábio não parecia, para ele, inclinado a se apaixonar; "Assim", disse Zenão, "não consigo pensar em ninguém tão miserável quanto vocês que são belos." Ele também costumava dizer que a maioria dos filósofos era de sábios em coisas grandiosas, mas ignorantes em assuntos triviais e detalhes casuais; e costumava citar os dizeres de Caphesius, que, quando um de seus pupilos se esforçava muito para conseguir assoprar a flauta com força, deu-lhe um tapa e disse que tocar bem não dependia de um volume alto, mas que um volume alto dependia de habilidade e tocar bem. Uma vez, quando um homem jovem discutia com muita confiança, ele disse: "Eu não devo dizer o que me vem à mente agora, meu jovem." Em certa vez, um belo e rico rodiano, e nada mais, pressionava-o para tomá-lo como pupilo, já que Zenão não desejava tê-lo, o recebeu mal e ordenou que, primeiro, ele se sentasse nos bancos empoeirados para que sujasse suas roupas, depois, ordenou que se deitasse no lugar dos pobres, para se recostar sobre as vestes deles, e finalmente ele foi embora. Um de seus dizeres costumava ser que a arrogância era a pior de todas as coisas, especialmente nos jovens. Outra era que alguém não deve tentar recordar as exatas palavras de um discurso, mas exercitar a mente para aproveitar o que é dito, em vez de considerá-lo como se fosse um pedaço de carne cozida ou um alimento refinado. Ele também costumava dizer que homens jovens deveriam manter parcimônia em sua caminhada e suas roupas; e frequentemente citava frases de Eurípides sobre Capaneu[44], que dizia:

> *Sua riqueza era ampla.*
> *Mas orgulho nenhum era presente em sua postura,*
> *Nem tinha arrogância, ou soberba*
> *Maior que a do homem mais pobre.*

E um de seus dizeres costumava ser que se quisermos entender as ciências, nada seria tão fatal quanto a vaidade; e que não havia nada que precisássemos mais que não fosse o tempo. Quando questionado sobre o que era um amigo, ele respondeu: "Outro Eu". É dito que, uma vez, castigava um escravo que foi pego roubando; e quando este disse a Zenão "eu estava predestinado a roubar"; ele respondeu: "Sim, e também a ser punido". Ele dizia ser bela a flor da castidade; mas outros relatam que ele dizia que a castidade é a flor da beleza. Em determinada ocasião, quando viu o escravo de um dos seus amigos severamente ferido, ele lhe disse: "Eu vejo as pegadas da sua ira". Uma vez, quando se aproximou de um homem coberto de cremes e perfumes, disse: "Quem é esse que cheira feito uma mulher?". Quando Dionísio, o Renegado[45] perguntou-lhe por que ele era a única pessoa a quem não corrige, Zenão respondeu: "Pois eu não tenho confiança alguma em você". Um homem jovem falava uma série de absurdos, e Zenão lhe disse: "É por isso que temos

---

44 Capaneu, na mitologia grega, foi um dos Sete contra Tebas, e dizia que nem mesmo Zeus poderia impedir seu ataque à cidade, que acabou sendo mal-sucedido. (N. do T.)
45 Dionísio de Heracleia (330 a.C. - 250 a.C.) foi um filósofo estoico e aprendiz de Zenão, mas que abandonou a filosofia por sofrer de fortes dores. (N. do T.)

dois ouvidos e uma boca, para que possamos ouvir mais e falar menos".

Uma vez, quando estava em um banquete, se mantinha em silêncio e foi questionado qual era a razão daquilo; ele pediu educadamente à pessoa que o criticou que dissesse ao rei que um homem no salão sabia segurar a língua; e as pessoas que o questionaram eram embaixadores que vieram da parte de Ptolomeu[46] e queriam saber o que dizer ao seu rei sobre o filósofo. Foi questionado, uma vez, sobre como se sentia quando as pessoas o tratavam mal, e ele disse: "Como um embaixador se sente quando é enviado de volta sem respostas." Apolônio de Tiro[47] nos diz que quando Crates o arrastou pela capa para longe de Estilpo, ele disse: "Ó, Crates, o jeito certo de arrastar um filósofo é pelas orelhas; então me arraste dessa forma e me convencerá; mas se usares a força contra mim, meu corpo estará contigo, mas minha mente com Estilpo".

XX - Ele costumava passar bastante tempo com Diodoro, como aprendemos com Hippobotus; com quem estudou a dialética. E quando fez um bom progresso, uniu-se a Polêmon devido à sua falta de arrogância, e assim diz-se que ele falou a Zenão: "Não sou ignorante, ó Zenão, de que você entra em meu jardim, rouba minhas doutrinas e as veste com roupas fenícias." Quando um dialético uma vez lhe mostrou sete tipos de argumentos dialéticos dentro do sofismo chamado "O Ceifeiro"[48], Zenão perguntou quanto cobrava por esses

---
[46] Ptolomeu I Sóter (367 a.C. - 282 a.C.) foi um general de Alexandre, o Grande, e governou o Egito em seu nome de 305 a.C. até sua morte. (N. do T.)
[47] Apolônio de Tiro foi um filósofo estoico, pouco se sabe de sua vida e obra. (N. do T.)
[48] Essa estratégia de debate recebeu esse nome pois, quando utilizada, poderia derrubar qualquer argumento do rival. (N. do T.)

ensinamentos, e quando foi respondido com "cem dracmas", ele lhe pagou duzentas, por ser tão devoto ao ato de aprender.

XXI - Também dizem que ele foi o primeiro a usar a palavra "dever" e a escrever um tratado sobre o tema. E que alterou as linhas de Hesíodo da seguinte forma:

É o melhor dos homens aquele que se submete
A seguir bons conselhos; também é bom aquele
Que, por si só, percebe tudo o que é apropriado.

Pois dizia que o homem que tinha a capacidade de ouvir corretamente o que era dito, e tomar vantagem disso, era superior a ele mesmo, que compreendia tudo com seu próprio intelecto; pois ele só tinha a compreensão, mas o que aceita o bom conselho, também tem a ação.

XXII - Quando foi questionado por que ele, que geralmente era austero, relaxava em uma festa, ele disse: "Tremoços também são amargos, mas quando ficam de molho, tornam-se doces." E Hecato, no segundo livro de suas *Anedotas*[49], diz que em entretenimentos desse tipo, costumava se permitir indulgências. E ele costumava dizer que era melhor tropeçar com os pés do que com a língua. E que a bondade era alcançada pouco a pouco, mas não era em si uma coisa pequena, alguns autores, no entanto, atribuem essa afirmação a Sócrates.

XXIII - Ele era uma pessoa de grande poder de abstinência e resistência; e de hábitos muito simples, vivendo de alimentos que não precisavam de fogo para serem preparados, e usando uma capa fina, de modo que se dizia dele:

---

49 Do inglês: *Anecdotes*. (N. do T.)

*O frio do inverno, e a chuva incessante,
Vêm impotentes contra ele; fraco é o dardo
Do feroz sol de verão, ou da doença maligna,
Para dobrar aquela estrutura de ferro. Ele fica à parte,
Em nada se assemelhando à vasta multidão comum;
Mas, paciente e incansável, noite e dia,
Se agarra aos seus estudos e filosofia.*

XXIV - E os poetas cômicos, sem intenção, elogiam-no em suas tentativas de ridicularizá-lo. Filon assim se refere a ele em sua peça intitulada *Os Filósofos*[50]:

*Esse homem adota uma nova filosofia,
Ele ensina a passar fome; mesmo assim
Conquista discípulos. Pão é seu alimento,
Seu doce mais fino é o pêssego seco; Água é sua bebida.*

Mas alguns atribuem esses versos a Posidipo[51]. Nesse momento, Zenão havia quase se tornado um provérbio. Consequentemente, costumava-se dizer: "Mais moderado que Zenão, o filósofo." Posidipo também escreve assim em sua obra *Homens Transportados*[52]:

*Assim, por dez dias completos ele pareceu
Mais equilibrado que o próprio Zenão.*

XXV - Realmente, ele supera todos os homens em descrição de virtude, dignidade e comportamento, e, por Zeus, em felicidade. Pois viveu noventa e oito anos, e então morreu, sem doença alguma, e mantendo boa saúde até o fim. Mas Perseu, em suas aulas de ética, diz que ele morreu

---

50 Do inglês: *Philosophers*. (N. do T.)
51 Posidipo de Pela (310 a.C. - 240 a.C.) foi um poeta grego epigramático, ou seja, escrevia poemas breves. (N. do T.)
52 Do inglês: *Men Transported*. (N. do T.)

com setenta e dois anos de idade. E Apolônio diz que ele presidiu sua escola por quarenta e três anos.

XXVI - Ele morreu da seguinte maneira: Quando saía de sua escola, tropeçou e quebrou um dos dedos do pé; e caindo no chão com suas mãos, repetiu a frase de Níobe[53]:

"Eu vim: por que me chamaste?"

E assim morreu, por prender a respiração. Os atenienses o sepultaram no Cerameico, e o honraram com os méritos que foram mencionados anteriormente, servindo como testemunhas de sua virtude. E Antípatro de Sídon escreveu um epitáfio para ele, que diz assim:

Aqui jaz o orgulho de Cítio, o sábio Zenão, que escalou

Os cumes do Olimpo; mas, sem ser movido
Por pensamentos malignos, nunca se esforçou
Para erguer-se sobre Ossa[54],
O pinhalado Pelion[55]; Nem emulou
As imortais fadigas de Hércules; mas encontrou
Um novo caminho para si até o mais alto céu,
Pela virtude, temperança e modéstia.

E Zenódoto[56], o Estoico, um discípulo de Diógenes, escreveu outro:

---

[53] Níobe é uma personagem da mitologia grega, filha de Tântalo e Diones, que eram respectivamente filhos de Zeus e Atlas. Ela era muito fértil e, por isso, teve 7 filhos homens e 7 filhas mulheres. Ao ver o povo tebano prestar culto à Leto, se revoltou e questionou por que cultuavam a deusa, que só teve dois filhos (Apolo e Ártemis), e não ela que teve catorze. Apolo e Ártemis vingaram o desrespeito à sua mãe e mataram os sete filhos homens de Níobe. (N. do T.)
[54] Monte Ossa, na Grécia. (N. do T.)
[55] Monte Pelion, na Grécia. (N. do T.)
[56] Zenódoto de Éfeso (330 a.C. - 260 a.C.) foi um filólogo e gramático grego que lecionou Ptolomeu II Filadelfio. (N. do T.)

Tu fizeste da satisfação a regra principal da vida,
Desprezando a riqueza arrogante, Ó, Zenão, semelhante
a Deus.
Com olhar solene e fronte serena e grisalha,
Ensinaste uma doutrina viril; e fundaste
Pela tua profunda sabedoria, uma grande escola inovadora,
Pai casto da liberdade destemida.
E se a tua pátria foi a Fenícia,
Por que devemos lamentar, quando dessa terra veio Cadmo,
Que deu à Grécia seus escritos sábios de conhecimento?

E Ateneu[57], o poeta epigramático, fala assim de todos os estoicos em comum:

Oh, vós que aprendestes as doutrinas do pórtico,
E as colocastes em vossos livros divinos
Do melhor conhecimento humano; ensinando aos homens
Que a virtude da mente é o único bem.
E é ela que mantém as vidas dos homens,
E cidades mais seguras do que altos portões ou muralhas.
Mas aqueles que colocam sua felicidade no prazer,
São liderados pela Musa menos digna.

Também temos como fonte da maneira da morte de Zenão, na nossa numerosa coleção de poemas, os seguintes termos:

Alguns dizem que Zenão, orgulho de Cítio,
Morreu de velhice, já fraco e desgastado;
Outros dizem que a presa cruel da fome o levou;
Outros, ainda, que ele caiu, e chegando ao chão com força,

---

57 Ateneu (168 d.C. - c. 228 d.C.) foi um poeta romano ativo durante os governos de Marco Aurélio e Caracala. (N. do T.)

Disse, "Vê? Eu vim, por que me chamaste tão impacientemente?"

Alguns dizem que essa foi a maneira pela qual ele morreu. E isso é o suficiente para dizer sobre sua morte.

XXVII - Mas Demétrio de Magnésia[58] diz, em seu ensaio sobre *Pessoas de Mesmo Nome*[59], que seu pai, Mnaseas, frequentemente ia a Atenas, pois era um comerciante, e que ele costumava trazer muitos dos livros dos filósofos socráticos para Zenão, enquanto ele ainda era apenas um menino; e que, em consequência disso, Zenão já era conhecido em sua própria terra; e que, devido a isso, ele foi para Atenas, onde se juntou a Crates. E parece, acrescenta ele, que foi Zenão quem primeiro recomendou uma enunciação clara de princípios como o melhor remédio para o erro. Diz-se também que ele tinha o hábito de jurar "Pelo Louro", assim como Sócrates jurava "Pelo Cão".

XXVIII - Alguns, realmente, dentre eles Cássio, o Cético, atacaram Zenão em vários momentos, dizendo, em primeiro lugar, que ele denunciou o sistema geral de educação em vigência no momento como inútil, coisa que fez no início de sua *República*. E, em segundo lugar, que ele costumava chamar todos que não eram virtuosos de adversários, inimigos, escravos e hostis entre si, pais com seus filhos, irmãos com irmãos e amigos com amigos; e novamente, em sua *República*, ele fala dos virtuosos como os únicos cidadãos, amigos, parentes e homens livres, de modo que, na doutrina do estoico, até mesmo pais e filhos são inimigos; pois não são sábios. Além disso, ele estabelece o princípio da comunidade

---

58 Demétrio de Magnésia foi um gramático e biógrafo grego. (N. do T.)
59 Do inglês: *Men of the Same Name*. (N. do T.)

de mulheres tanto em sua obra mencionada quanto em um poema de duzentos versos, e ensina que, nem templos, nem tribunais, nem ginásios[60] devem ser erguidos em uma cidade; além disso, ele escreve o seguinte sobre dinheiro: "Que ele não acredita que os homens devam cunhar dinheiro, seja para fins de comércio ou de viagem." Além de tudo isso, ele ordena que homens e mulheres vistam a mesma roupa e não deixem nenhuma parte de seu corpo completamente coberta.

XXIX - Sobre este tratado *República* ser obra sua, somos assegurados por Crisipo, em sua *República*[61]. Ele também discutiu temas amorosos no início daquele livro, intitulado *A Arte do Amor*[62]. E em suas *Conversações*[63], ele escreve de maneira semelhante.

Tais são as acusações feitas contra ele por Cássio e também por Isidoro de Pérgamo, o orador, que afirma que todas as doutrinas e afirmações impróprias dos estoicos foram cortadas de seus livros por Atenodoro, o estoico, que era o curador da biblioteca de Pérgamo. E que posteriormente foram recolocadas, pois Atenodoro foi descoberto e colocado em uma situação de grande perigo; e isso é suficiente para dizer sobre essas doutrinas dele que foram impugnadas.

XXX - Houve oito pessoas diferentes chamadas Zenão. O primeiro foi o Eleata, que mencionaremos posteriormente; o segundo foi o homem do qual estamos falando agora; o

---

60 Naquela época, ginásios eram locais tanto para exercícios físicos e práticas de luta quanto estudos de todo tipo, sendo assim, nada do tipo deveria ser erguido em uma cidade, buscando o contato com a natureza para tais atividades. (N. do T.)
61 Do latim: *De Republica*. (N. do T.)
62 Do inglês: *The art of Love*. (N. do T.)
63 Do inglês: *Interlude*. (N. do T.)

terceiro foi um Ródio, que escreveu uma história de seu país em um livro; o quarto foi um historiador que escreveu sobre a expedição de Pirro à Itália e Sicília, além de uma epítome das transações entre os romanos e cartagineses; o quinto foi um discípulo de Crisipo, que escreveu poucos livros, mas deixou muitos discípulos; o sexto foi um médico de Herófilo, uma pessoa muito perspicaz, mas um escritor muito medíocre; o sétimo foi um gramático, que, além de outros escritos, deixou alguns epigramas; o oitavo foi um filósofo epicurista de descendência sidoniana, um pensador profundo e escritor de muita clareza.

XXXI - Os discípulos de Zenão eram muito numerosos. Os mais proeminentes foram, em primeiro lugar, Perseu de Cítio, filho de Demétrio, que alguns chamam de amigo, enquanto outros o descrevem como um servo e um dos amanuenses enviados a ele por Antígono, para cujo filho, Alcioneu[64], Perseu também atuou como tutor. E Antígono, uma vez, desejando testar Perseu, fez com que algumas notícias falsas lhe fossem trazidas de que sua propriedade havia sido saqueada pelo inimigo; e quando ele começou a ficar sombrio com essa notícia, Antígono disse a ele: "Você vê que a riqueza não é uma questão de indiferença."

As seguintes obras são atribuídas a Perseu: uma *Sobre o Poder Real*; uma intitulada *A Constituição dos Lacedemônios*; uma *Sobre o Casamento*; uma *Sobre Impiedade*; o *Tiestes*; um ensaio *Sobre o Amor*; um volume de *Exortações*; um de

---

64 Filho bastardo de Antígono II, com quem lutou, junto de aliados, contra o rei Pirro na Batalha do Peloponeso. (N. do T.)

Conversas; quatro de *Aforias*; um de *Recordações*; e *Uma Resposta Às Leis de Platão* em sete livros.[65]

O próximo foi Ariston de Quios, filho de Milcíades, que foi o primeiro autor da doutrina da indiferença; então Hérilos, que chamava o conhecimento de bem supremo; depois Dionísio, que transferiu essa descrição para o prazer; pois, devido à doença violenta que tinha nos olhos, ele ainda não conseguia chamar a dor de algo indiferente. Ele era natural de Heracleia; havia também Esfero de Bósforo[66]; e Cleantes de Assos, filho de Fânias, que o sucedeu em sua escola, e a quem ele costumava comparar a tábuas de cera dura, que são escritas com dificuldade, mas que retêm o que é escrito sobre elas. Após a morte de Zenão, Esfero tornou-se discípulo de Cleantes. Falaremos dele na parte sobre Cleantes.

Esses também foram todos discípulos de Zenão, como nos diz Hipócrates, a seguir: Filônides de Tebas; Calipo de Corinto; Posidônio de Alexandria; Atenodoro de Solos; e Zenão, um sidônio.

XXXII - Considerei que fosse melhor dar uma visão geral de todas as doutrinas estoicas na vida de Zenão, uma vez que ele fundou a seita.

Ele escreveu muitos livros, dos quais eu já forneci uma lista, nos quais ele falou como nenhum outro dos estoicos citou. E suas doutrinas em geral são estas. Mas vamos

---

65 Os nomes das obras em inglês são esses, respectivamente: *Of Kingship; The Spartan Constitution; Of Marriage; Of Impiety; Thyestes; Of Love; Exhortations; Interludes; Anecdotes; Memorabilia; A Reply to Plato's Laws*. (N. do T.)
66 Esfero de Bósforo (285 a.C. - 210 a.C.) foi um filósofo estoico e aprendiz de Zenão e de Cleantes. (N. do T.)

enumerá-las brevemente, como temos o hábito de fazer no caso de outros filósofos.

XXXIII - Os estoicos dividem a doutrina filosófica em três partes; uma à filosofia natural, uma à ética e uma à lógica. Zenão de Cítio foi o primeiro a fazer essa divisão em seu tratado *Sobre a Razão*; e Crisipo também a fez, no primeiro livro de seu tratado *Sobre a Razão*, e no primeiro livro de seu tratado *Sobre a Filosofia Natural*; e também por Apolodoro e Sílilo, no primeiro livro de sua *Introdução aos Ensinos dos Estoicos*[67]; e por Eudromus, em seu *Tratado Elementar Sobre Ética*[68]; por Diógenes, o Babilônico; e Posidônio. Essas divisões são chamadas de tópicos por Apolodoro, espécies por Crisipo e Eudromus, e gêneros por todos os outros. Eles relacionam a filosofia a um animal, comparando a lógica aos ossos e tendões, a ética às partes carnudas e a filosofia natural à alma. Novamente, comparam a filosofia a um ovo, chamando a lógica de casca, a ética de clara e a filosofia natural de gema. Também a um campo fértil; no qual a lógica é a cerca que o rodeia, a ética são os frutos e a filosofia natural é o solo ou as árvores frutíferas. Ou então, eles comparam a filosofia a uma cidade fortificada por muros e governada pela razão; e como alguns deles dizem, nenhuma parte é preferida à outra, mas todas são combinadas e unidas inseparavelmente; e assim tratam de todas em combinação. Mas outros classificam a lógica em primeiro lugar, a filosofia natural em segundo e a ética em terceiro; como Zenão faz em seu tratado *Sobre Exposição*[69], e com isso concordam Crisipo, Arquedemo e Eudromus.

---

[67] Do inglês: *Introduction to Stoic Doctrine*. (N. do T.)
[68] Do inglês: *Elementary Treatise on Ethics*. (N. do T.)
[69] Do inglês: *On Exposition*. (N. do T.)

Diógenes de Ptolemais começa com ética; mas Apolodoro coloca a ética em segundo lugar; e Panécio e Posidônio começam com filosofia natural, como afirma Fânias, pupilo de Posidônio, no primeiro livro de seu tratado *Sobre a Escola de Posidônio*[70].

Cleantes diz que existem seis divisões da razão de acordo com a filosofia: dialética, retórica, ética, política, física e teologia; mas outros afirmam que essas não são divisões da razão, mas da própria filosofia; e esta é a opinião defendida por Zenão de Tarso[71], entre outros.

XXXIV - Alguns dizem que a parte lógica desse sistema é dividida em duas ciências: a retórica e a dialética; e alguns a dividem também em definições e outra parte de regras e testes; no entanto, alguns desconsideram a parte das definições. Enquanto isso, outros argumentam que o objetivo das regras e testes é a descoberta da verdade, pois é nesta divisão que eles explicam as diferenças de percepções. Eles também argumentam que, por outro lado, a ciência das definições tem igualmente por objetivo a descoberta da verdade, já que só conhecemos as coisas por meio de ideias. Eles também chamam a retórica de uma ciência que trata de falar bem sobre assuntos que admitem uma narrativa detalhada; e à dialética, eles chamam de ciência argumentar corretamente em discussões que podem ser conduzidas por meio de perguntas e respostas; por isso a definem assim: conhecimento do que é verdadeiro, falso e nem uma coisa nem outra.

---

70 Do inglês: *Lectures of Posidonius*. (N. do T.)
71 Zenão de Tarso (? - 200 a.C.) foi um filósofo estoico grego, sendo aluno de Crisipo e seu sucessor como líder da escola estoica de Atenas. (N. do T.)

Novamente, eles dividem a própria retórica em três categorias, pois dizem que uma descrição se refere a dar conselhos, outra é forense, e a terceira é panegírica[72]; e ela também é dividida em várias partes menores: uma relacionada à descoberta de argumentos; outra ao estilo; outra à organização de argumentos e outra à entrega do discurso. E uma oração retórica eles dividem em introdução, narração, resposta às declarações da parte adversária e conclusão.

XXXV - A dialética, dizem eles, é dividida em duas partes: uma delas tem referência às coisas significadas, a outra à expressão. Aquela que tem referência às coisas significadas ou faladas, eles dividem novamente nos tópicos das coisas concebidas na fantasia, dos axiomas, das determinações perfeitas, das categorias, das coisas semelhantes, quer estejam eretas ou prostradas, dos tropos, dos silogismos e dos sofismas, que derivam seja da voz, seja das coisas. E esses sofismas são de vários tipos; há o falso, o que afirma fatos, o negativo, o sorite[73] e outros semelhantes; o imperfeito, o inexplicável, o conclusivo, o velado, o cornudo[74], o ninguém e o ceifeiro.

Na segunda parte da dialética, aquela que tem como objeto a expressão, eles tratam da linguagem, tanto da escrita

---

72 Um discurso muito elaborado em homenagem a algo ou alguém. No caso desta obra, se refere aos discursos e argumentos que exaltam a virtude. (N. do T.)
73 Um argumento com uma série de proposições que se interligam, fazendo uma ligação direta entre a última e a primeira. e.g.: A é B, B é C, C é D, logo, A é D. (N. do T.)
74 Sofisma em que Eubúlides de Mileto diz que se aceitamos um pressuposto incorreto, todo o restante da lógica nos levará a um resultado incorreto. (N. do T.)

quanto da discursiva, do solecismo[75] e barbarismo[76], das formas poéticas de expressão, da ambiguidade, de uma voz melodiosa, da música; e alguns até adicionam definições, divisões e dicção.

Eles afirmam que a parte mais útil dessas divisões é a consideração dos silogismos, pois mostram quais são as coisas capazes de demonstração, o que contribui muito para a formação de nosso julgamento, e sua disposição e memorização conferem um caráter científico ao nosso conhecimento. Eles definem o raciocínio como um sistema composto de premissas e conclusões: e o silogismo é um argumento silogístico baseado nesses sistemas. A demonstração é definida como um método pelo qual se parte do que é mais claro para o que é menos. Percepção, por sua vez, é uma impressão produzida na mente, sendo seu nome apropriadamente emprestado de um sinete de cera e sua marca feita em um selo; e eles dividem a percepção em compreensível e incompreensível: compreensível, que consideram como algo que testa os fatos, e que é produzido por um objeto real, estando, portanto, em conformidade com esse objeto; Incompreensível, que não tem relação com nenhum objeto real ou, caso tenha relação, não corresponde a ele, sendo apenas uma representação vaga e indistinta.

Eles afirmam que a dialética em si é uma ciência necessária e uma virtude que abrange várias outras virtudes. E a disposição de não tomar um lado de

---

[75] Erros de linguagem cometidos por alguém que não tem conhecimento da norma culta do idioma. (N. do T.)
[76] Vício de linguagem que consiste no uso incorreto de termos e expressões. (N. do T.)

um argumento precipitadamente eles definem como um conhecimento que nos ensina quando devemos concordar com uma afirmação e quando devemos nos abster de concordar. Discrição, para eles, é uma razão poderosa, referindo-se ao que é apropriado, para evitar ceder a um argumento irrelevante. A irrefutabilidade eles definem como um poder em um argumento que impede que alguém seja levado dele para seu oposto. Liberdade de vaidade, segundo eles, é um hábito que direciona as percepções de volta à razão correta.

Novamente, eles definem o conhecimento em si como uma afirmação ou compreensão sólida, ou hábito, que, sob a percepção do que é visto, nunca se desvia da verdade. Afirmam, ainda, que, sem especulação dialética, o sábio não pode ficar livre de todo erro em seu raciocínio. Pois é isso que lhe permite distinguir o que é verdadeiro do que é falso, e detectar facilmente os argumentos que são apenas plausíveis e aqueles que dependem de uma ambiguidade na linguagem. E sem dialética, dizem que não é possível fazer ou responder perguntas corretamente. Eles também acrescentam que a precipitação nas afirmativas se estende às coisas que são reais, de modo que aqueles que não exercitaram adequadamente suas percepções caem na irregularidade e na falta de reflexão. Novamente, sem dialética, o sábio não pode ser perspicaz, engenhoso, cauteloso e totalmente perigoso como argumentador, pois pertence ao mesmo homem falar corretamente e raciocinar corretamente, discutir adequadamente os assuntos que lhe são propostos e responder prontamente a todas as perguntas feitas a ele, todas essas qualidades pertencem a alguém habilidoso em dialética. Este, então, é um resumo breve de suas opiniões sobre lógica.

XXXVI - E, para entrarmos em alguns detalhes mais específicos sobre eles, vamos incluir o que se refere ao que chamam de sua ciência introdutória, conforme declarado por Diocles de Magnésia[77], em sua obra *Sinopse de Filósofos*[78], onde ele fala da seguinte forma, e daremos seu relato palavra por palavra.

"Os estoicos escolheram tratar, em primeiro lugar, da percepção e sensação, porque o critério pelo qual a verdade dos fatos é determinada é uma espécie de percepção, e porque o julgamento que expressa a crença e a compreensão de uma coisa, um julgamento que precede todos os outros, não pode existir sem percepção. Pois a percepção lidera o caminho; e então o pensamento, encontrando saída em expressões, explica em palavras os sentimentos que derivam da percepção."

Mas há uma diferença entre imaginação, e percepção. Pois percepção é uma concepção do intelecto, como ocorre durante o sono; mas imaginação é uma impressão, produzida na mente, ou seja, uma alteração, como Crisipo afirma no décimo segundo livro de seu tratado *Sobre a Alma*[79]. Pois não devemos entender que essa impressão se assemelha à feita por um selo, já que é impossível conceber que possa haver muitas impressões feitas ao mesmo tempo na mesma coisa. Mas a imaginação é entendida como aquilo que é impresso, formado e marcado por um objeto real, de acordo com um objeto real, de tal maneira que não poderia ser por nenhum outro objeto que não seja real; e, de acordo com suas ideias

---

[77] Diocles de Magnésia foi um escritor grego. Supõe-se que viveu entre os séculos I e II a.C. (N. do T.)
[78] Do inglês: *Synopsis of Philosophers*. (N. do T.)
[79] Do latim: *De Anima*. (N. do T.)

sobre as imaginações, algumas são sensíveis e outras não. Eles chamam de sensíveis aquelas que são derivadas por nós de um ou mais sentidos; e chamam de não sensíveis aquelas que emanam diretamente do pensamento, como, por exemplo, aquelas que se referem a objetos incorpóreos ou a qualquer outro objeto que seja abraçado pela razão. Novamente, aquelas que são sensíveis são produzidas por um objeto real, que se impõe à inteligência e a obriga a concordar; e também há algumas outras que são simplesmente aparentes, meras sombras, que se assemelham às produzidas por objetos reais.

Novamente, essas imaginações são divididas em racionais e irracionais; aquelas que são racionais pertencem a animais dotados de razão; aquelas que são irracionais pertencem a animais desprovidos de razão. As racionais são pensamentos; as irracionais não têm nome. Mas novamente, nossas percepções são subdivididas em artificiais e não artificiais. Em todo caso, uma imagem é contemplada de maneira diferente por um homem habilidoso em arte, da maneira como é vista por um homem ignorante em arte.

Por sensação, os estoicos entendem como três coisas: uma espécie de respiração que passa pela alma e vai até os sentidos; uma percepção apenas sensível; ou uma disposição orgânica, que, de acordo com as concepções de alguns deles, é defeituosa e viciada em algumas pessoas. Eles também chamam de sensação a energia ou exercício ativo do sentido. Segundo eles, à sensação devemos a compreensão do branco e preto, áspero e liso: da razão, derivamos as noções que resultam de uma demonstração, como a existência dos deuses e da Providência Divina. Pois todos os nossos pensamentos são formados seja por percepção indireta, seja por similaridade, analogia, transposição, combinação ou oposição. Pela percepção direta, vem a noção das coisas sensíveis; por similaridade, aquelas que partem de algum ponto presente aos nossos sentidos; por exemplo, formamos uma ideia de Sócrates a partir de sua aparência. Enquanto das noções derivadas por analogia, entendemos qualquer ideia aumentada de algo, como de Títio[80] ou os Cíclopes[81]; ou qualquer ideia diminuída, como a de um pigmeu. Da mesma forma, a ideia do centro do mundo era uma derivada por analogia do que percebíamos ser o caso das esferas menores. Usamos a transposição quando imaginamos olhos no peito de um homem; combinação quando temos a ideia de um Centauro; oposição quando voltamos nossos pensamentos para a morte. Além disso, existem noções que implicam uma transição para o mundo do imperceptível, por exemplo, a comparação de lugares com termos.

Há também a natureza; pois pela natureza compreendemos o que é justo e bom. E a privação, quando, por exemplo, formamos uma noção de um homem sem mãos. Tais são as doutrinas dos estoicos quanto à impressão, sensação e pensamento.

XXXVII - Eles dizem que o critério adequado da verdade é a compreensão da apresentação; isto é, uma compreensão que seja derivada de um objeto real, como afirma Crisipo no décimo segundo livro de sua *Física*[82]; Antípatro e Apolodoro concordam com ele. Uma vez que Boécio deixa muitos critérios, como intelecto, sensação, desejo e conhecimento,

---
80 Títio, ou Tício, é um gigante, filho de Zeus e Elara (N. do T.)
81 Criaturas mitológicas gigantes com um olho só, trabalhavam fazendo os raios de Zeus com Hefesto. (N. do T.)
82 Do inglês: *Physics*. (N. do T.)

Crisipo discorda de sua visão e, no primeiro livro de seu tratado *Sobre a Razão*, diz que a sensação e a preconcepção são os únicos critérios. E a preconcepção é, segundo ele, uma noção física abrangente de princípios gerais. Mas outros dos primeiros estoicos aceitam a razão correta como um critério da verdade; por exemplo, essa é a opinião de Posidônio, e é desenvolvida em seu ensaio sobre *Critérios*[83].

XXXVIII - Sobre a especulação lógica, parece haver grande unanimidade entre a maior parte dos estoicos, começando pelo tópico da voz. Agora, a voz é uma percussão do ar; ou, como Diógenes, o Babilônico, a define em seu ensaio *Sobre a Voz*[84], é próprio objeto da audição. A voz de um animal é simplesmente uma percussão do ar por algum impulso: mas a voz de um homem é articulada e é emitida pelo intelecto, conforme Diógenes estabelece, e não é aperfeiçoada em um período mais curto do que catorze anos. E a voz é um corpo de acordo com os estoicos; como é estabelecido por Arquedemo, em seu livro *Sobre a Voz*, e por Diógenes, e Antípatro, e também por Crisipo, no segundo volume de sua obra *Física*. Pois tudo que faz alguma coisa é um corpo; e a voz faz algo quando passa daqueles que falam para aqueles que ouvem.

Reduzida a escrita, uma palavra é, segundo Diógenes, uma voz composta de letras, como "Dia". Uma sentença é uma voz significativa, emitida pelo intelecto, como, por exemplo, "É dia"; mas o dialeto é um estilo peculiar impresso na expressão das nações, de acordo com sua etnia; e causa variedades no idioma grego, sendo uma espécie de hábito

---

83 Do inglês: *On the Standard*. (N. do T.)
84 Do inglês: *On Voice*. (N. do T.)

local como, por exemplo, os atenienses dizerem θάλαττα e não θάλασσα para "mar", e os jônios dizem ἡμέρη e não ἡμέρα para dia. Os elementos das palavras são as vinte e quatro letras; mas a palavra "letra" tem três sentidos: o som específico ou elemento do discurso; o sinal gráfico do elemento; e o nome, como Alfa. Existem sete vogais, α, ε, η, ι, ο, υ, ω, das quais seis mudas, β, γ, δ, κ, π, τ. Mas a voz é diferente de uma palavra, porque a voz é um som; mas uma palavra é um som articulado. E uma palavra difere de uma sentença, porque uma sentença sempre significa algo, mas uma palavra por si só não tem significado, como, por exemplo, βλίτρι. Mas isso não acontece com uma sentença. Novamente, há uma diferença entre falar e pronunciar; os sons são pronunciados, mas o que é falado possui um significado, ou seja, são assuntos de discurso.

XXXIX - Agora, sobre as sentenças, existem cinco partes, como Diógenes nos conta em seu tratado *Linguagem*[85]; e Crisipo concorda com ele. Há o nome correto, o substantivo comum, o verbo, a conjunção e o artigo. Antípatro acrescenta também a qualidade, em seu tratado *Sobre Palavras e As Coisas Expressas Por Elas*[86]. E um substantivo comum é, de acordo com Diógenes, uma parte de uma sentença que significa uma qualidade comum, como, por exemplo, homem, cavalo. Mas um nome é uma parte de uma sentença que traz uma qualidade peculiar, como Diógenes, Sócrates. Um verbo é uma parte de uma sentença que significa um predicado simples, como Diógenes (ὁ Διογένης) ou, como outros o definem, um elemento de uma sentença que

---

[85] Do inglês: *Language*. (N. do T.)
[86] Do inglês: *On Words and Their Meanings*. (N. do T.)

não pode ser negado, significando que possa ter relação a uma ou mais pessoas, como "Eu escrevo", "Eu digo". Uma conjunção é uma parte de uma sentença que também não pode ser negada, unindo as divisões da sentença. Um artigo é o elemento de uma sentença que define os gêneros dos substantivos e seus números, como ὁ, ἡ, τὸ, οἱ, αἱ, τὰ.

XL - As excelências de um discurso são cinco: puro grego, clareza, lucidez, adequação, elegância. Puro grego é um estilo correto, de acordo com a arte, mantendo-se afastado de qualquer forma vulgar de expressão; clareza é um estilo que afirma o que é concebido na mente de tal forma que é facilmente compreendido; lucidez é um estilo que abrange tudo o que é necessário para a expor um assunto em discussão; adequação é um estilo semelhante ao assunto; elegância é um estilo que evita qualquer coloquialismo. Já os vícios de um discurso incluem o barbarismo, que é o uso de palavras contrárias ao que está de acordo entre os gregos bem-educados, e o solecismo, que é uma sentença incorretamente composta.

XLI - Uma expressão poética é, como Posidônio define em sua obra *Sobre Estilo*[87], "Uma dicção métrica ou rítmica, procedendo em preparação e evitando toda semelhança com a prosa." Por exemplo: "Ó vasta e ilimitada terra, ó céu, o dossel de Deus"; e a poesia é uma coleção de expressões poéticas significativas, contendo uma representação de seres divinos e humanos.

XLII - Uma definição é, como Antípatro explica no primeiro livro de seu tratado *Sobre Termos*[88], uma palavra

---

[87] Do inglês: *On Style*. (N. do T.)
[88] Do inglês: *On Terms*. (N. do T.)

que, quando uma frase é analisada, é pronunciada com uma ideia completa; ou, como Crisipo diz em seu tratado *Sobre Definições*[89], é a representação de uma ideia. Descrição é uma sentença que, de maneira figurativa, leva ao conhecimento do assunto, ou pode ser chamada de um tipo mais simples de definição, expressando o poder de uma definição em linguagem mais clara. Gênero é a compreensão de muitas ideias inseparáveis. Uma ideia é uma imaginação da mente que não expressa efetivamente nada real, ou qualquer qualidade, mas apenas uma quase realidade e uma quase qualidade; como, por exemplo, a ideia de um cavalo quando um cavalo não está presente.

Espécie é aquilo que é compreendido no gênero, como o homem é incluído no animal. Além disso, o gênero mais elevado é aquele que, sendo um gênero em si, não tem outro gênero superior, como a realidade ou o real. E a espécie mais inferior é aquela que, sendo ela própria uma espécie, não há outra espécie abaixo dela, como, por exemplo, Sócrates.

XLIII - A divisão de gênero significa dissecá-lo em espécies próximas, como, por exemplo, "dos animais, alguns são racionais, outros irracionais". A divisão contrária é a dissecação do gênero em espécies com base no princípio contrário, como uma espécie de negação; como, por exemplo, "das coisas existentes, algumas são boas e algumas não são boas"; e "das coisas que não são boas, algumas são ruins e outras são indiferentes". A partição é uma disposição de um gênero sob títulos, como diz Crinis, por exemplo, "das coisas boas, algumas são mentais e outras corporais".

---

89 Do inglês: *On Definitions*. (N. do T.)

XLIV - A ambiguidade verbal surge quando uma palavra propriamente, corretamente e conforme o uso fixo denota duas ou mais coisas diferentes, de tal forma que mais de uma coisa pode ser entendida pela mesma expressão. Tome, por exemplo, as expressões "uma casa que caiu três vezes", ou, "uma flautista caiu".[90]

XLV - Dialética, como Posidônio explica, é a ciência daquilo que é verdadeiro e falso, e nem verdadeiro nem falso. Conforme explica Crisipo, ela trata dos sinais e das coisas significadas. Essas são as doutrinas afirmadas pelos estoicos em suas teorias da linguagem.

XLVI - Mas na parte da dialética que diz respeito a coisas e ideias significadas, eles tratam de proposições, de enunciações perfeitas, de julgamentos, de silogismos, de enunciações imperfeitas, de atributos e deficiências, e de atributos ou predicamentos diretos e indiretos.

XLVII - Afirmam que a expressão verbal é a manifestação da percepção ideal; e os estoicos declaram algumas dessas enunciações como perfeitas em si mesmas e outras como defeituosas; aquelas defeituosas proporcionam um sentido incompleto, como por exemplo: "escreve." Pois, então, perguntamos: "Quem escreve?". Mas aquelas que são perfeitas em si mesmas dão um sentido completo, como por exemplo: "Sócrates escreve". Portanto, nas enunciações defeituosas, são aplicados atributos, mas naquelas que são perfeitas em si mesmas, são utilizados axiomas, silogismos,

---

90 No caso do exemplo desta estrofe, leva-se em consideração a frase do grego αὐλητρὶς πέπτωκε, que pode ser entendida dessas duas formas devido a palavras que se escrevem de forma muito parecida, sendo a primeira frase "αὐλὴ τρὶς πέπτωκε", e a segunda "αὐλητρὶς πέπτωκε". (N. do T.)

perguntas e indagações. Agora, um atributo é algo que é dito de algo, associado a um ou mais assuntos, de acordo com a definição de Apolodoro, ou então uma expressão defeituosa adicionada ao caso nominativo, com o objetivo de formar um julgamento.

Agora, sobre predicados, alguns são adjetivos...[91] como, por exemplo, "navegar por entre as rochas". Novamente, alguns predicados são diretos, alguns indiretos e alguns neutros. Agora, predicados diretos são aqueles que são construídos com um dos casos oblíquos, como "ele ouve, ele vê, ele conversa"; E aqueles que são indiretos são aqueles que são interpretados com a voz passiva, como: "eu sou ouvido, eu sou visto". Os neutros correspondem a nenhum destes, como: "pensar, andar". Os predicados reflexivos são aqueles entre os passivos que, embora invertidos em sua construção, são ainda operações ativas, como: "ele corta o próprio cabelo"; pois aqui o sujeito se incluía na esfera de sua ação.

Os casos oblíquos são o genitivo, o dativo e o acusativo.

XLVIII - Um axioma é aquilo que é verdadeiro ou falso, ou algo completo em si mesmo, capaz de ser negado em si e por si, como Crisipo o explica em suas *Definições Dialéticas*[92]. Um axioma é aquilo que por si só pode ser negado ou afirmado, por exemplo, "É dia", "Dião está caminhando". A palavra em grego para axioma, ἀξίωμα, é derivada do verbo ἀξιοῦται, que significa aceitação ou rejeição; Pois o homem que diz, "É dia", parece estar aceitando o fato de ser dia. Se então é dia, o axioma apresentado é verdadeiro; mas se não é dia, o axioma é falso. E um axioma, uma interrogação e uma indagação

---
91 Entende-se que algo foi perdido aqui. (N. do T.)
92 Do inglês: *Dialectical Definitions*. (N. do T.)

diferem entre si, assim como uma proposição imperativa difere de uma adjurativa, imprecatória, hipotética, apelativa ou falsa. Pois um axioma é aquilo que, quando o expressamos na fala, torna-se uma asserção e esta é falsa ou verdadeira: uma interrogação é algo completo em si mesma assim como um axioma, mas que exige uma resposta, por exemplo "é dia?", e isso, até o momento, não é verdadeiro nem falso. Assim, "é dia" é um axioma; "é dia?" é uma interrogação. Uma indagação é algo a que não podemos responder por meio de sinais, tal como se pode acenar com um "sim" a uma interrogação; mas você deve expressar a resposta em palavras: "Ele mora neste ou naquele lugar".

A proposição imperativa é algo que dizemos quando damos uma ordem, como por exemplo:

"Agora vá até as águas de Inachus."[93]

Uma expressão adjurativa é algo... Uma expressão vocativa é algo cujo uso implica que você está se dirigindo a alguém;

"Atrida, glorioso rei dos homens, Poderoso Agamenon."[94]

Uma quase-proposição é aquela que, tendo a enunciação de um axioma, mas em consequência do tom ou da emoção intensificada de uma de suas partes, fica fora da classe dos axiomas propriamente ditos, por exemplo:

"Sim, o Partenon realmente é bonito!"
"Como o pastor se parece com os filhos de Príamo!"

---

[93] Este é um verso da peça *Inachus*, uma das peças perdidas de Sófocles. (N. do T.)
[94] Homero, *A Ilíada*, II. 484. (N. do T.)

Há também, diferentemente de uma proposição ou de um axioma, o que se pode chamar de "sugestão tímida", cuja expressão deixa a pessoa perdida. Exemplo:

"Será que a dor e a vida são de alguma forma parecidas?"[95]

Interrogatórios, indagações e similares não são verdadeiros nem falsos, enquanto axiomas, ou proposições, são sempre um ou o outro.

Agora, quanto aos axiomas, alguns são simples e outros não são simples; como Crisipo, Arquedemo, Atenodoro, Antípatro e Crinis concordam em dividi-los. Simples são aquelas que consistem em uma ou mais proposições não ambíguas, como "É dia". Não são simples aquelas que consistem em uma ou mais proposições ambíguas. Podem, isto é, consistir numa única proposição ambígua, por exemplo: "Se é dia, é dia", ou em mais de uma proposição, como "Se é dia, está claro".

Com as proposições simples classificam-se as afirmativas, negativas, privativas, categóricas, definitivas e indefinidas; aquelas que não são simples são divididas em combinadas e adjuntivas, conectadas e disjuntivas, causais e aumentativas, e diminutivas. Um exemplo de proposição negativa seria: "Não é dia". Da proposição negativa, uma espécie é a dupla negativa. Por dupla negativa entende-se a negação de uma negação, como "Não é não-dia". Com isso, pressupõe-se que é dia.

Uma proposição negativa consiste em uma partícula negativa e uma predicação, como, por exemplo, "Ninguém está caminhando". Uma proposição privativa é aquela que

---

95 Este verso pertence a uma peça de Menandro. (N. do T.)

contém uma partícula privativa que reverte o efeito de um julgamento, como, por exemplo, "este homem é cruel". Uma proposição afirmativa ou assertiva é aquela que consiste em um substantivo no caso nominativo e um predicado, como "Dião está caminhando". Uma proposição definitiva é aquela que consiste em um demonstrativo no caso nominativo e um predicado, como "este homem está caminhando". Uma proposição indefinida é aquela que consiste em uma palavra ou palavras indefinidas e um predicado, assim como "Alguém está andando", "Há alguém andando", ou "Ele está em movimento".

Das proposições que não são simples, a proposição hipotética é, como Crisipo afirma em sua obra *Dialética*[96], e Diógenes também, em sua obra *Arte Dialética*[97], é aquela que se forma por meio da conjunção condicional "se". Agora, esta conjunção afirma que o segundo membro da frase segue o primeiro, como, por exemplo, "Se é dia, está claro".

Uma proposição inferencial, de acordo com Crinis em sua obra *Arte Dialética*, é aquela que é introduzida pela conjunção "já que", e consiste em uma proposição inicial e uma conclusão, como, por exemplo, "Já que é dia, está claro". Essa conjunção afirma tanto que a segunda parte da proposição segue a primeira, quanto que a primeira é verdadeira.

Uma proposição conectada é aquela que é reunida por conjunções conectadas, como, "É tanto dia quanto claro". Uma proposição disjuntiva é aquela constituída pela conjunção disjuntiva "ou", como "ou é dia ou é noite". Esta

---

96 Do inglês: *Dialectics*. (N. do T.)
97 Do inglês: *Art of Dialectic*. (N. do T.)

conjunção garante que uma ou outra das alternativas é falsa. Uma proposição causal é construída por meio da conjunção "porque", por exemplo "porque é dia, está claro". Pois a primeira oração é, por assim dizer, a causa da segunda.

Uma proposição que indica mais ou menos é aquela formada pela palavra que significa "em vez de" entre as orações, como, por exemplo, "é dia vez de noite"[98]. De caráter oposto ao anterior está uma proposição que declara o que é menos fato, como "é menos, ou não tão noite quanto dia". Além disso, entre as proposições há algumas que, no que diz respeito ao que é verdadeiro e falso, se opõem uma à outra, das quais uma é negativa da outra, como, por exemplo, as proposições "é dia" e "não é dia". Portanto, uma proposição hipotética é verdadeira se a contraditória da sua conclusão for incompatível com a sua premissa, como "se é dia, é luz". Isto é verdade, pois a afirmação "não é luz", contrariando a conclusão, é incompatível com a premissa "é dia". Por outro lado, uma proposição hipotética é falsa, se a contraditória da sua conclusão não conflitar com a premissa, como "se é dia, Dião está caminhando". Pois a afirmação "Dião não está andando" não entra em conflito com a premissa "é dia".

Uma proposição inferencial é verdadeira se, partindo de uma premissa verdadeira, ela também tem uma conclusão consequente, como: "já que é dia, o sol está acima do horizonte". Mas é falso se parte de uma premissa falsa, ou tem uma conclusão inconsequente, como: "já que é noite, Dião está caminhando", se isso for dito durante o dia.

---

98 Neste trecho, o tradutor R. D. Hicks usa as palavras em inglês "rather" e "than", que são usadas separadamente na construção da frase, resultando em "it's rather day than night", onde "dia" fica entre ambas as palavras. (N. do R.)

Uma proposição causal é verdadeira se, partindo de uma premissa verdadeira, chega a uma conclusão consequente, mesmo que a premissa, por sua vez, não corresponda à conclusão, como: "porque é dia, está claro", onde a afirmação "é dia" une-se com a outra "está claro"; contudo, a afirmação "está claro" não necessariamente coincide com a afirmação "é dia". Mas uma proposição causal é falsa se parte de uma premissa falsa, se possui uma conclusão inconsequente ou uma premissa que não corresponde à conclusão, por exemplo: "porque é noite, Dião está caminhando". Julgamento provável é aquele que induz ao assentimento, como "quem deu à luz alguma coisa é a mãe dessa coisa". Isto, contudo, não é necessariamente verdade, pois a galinha não é mãe de um ovo.

Novamente, algumas coisas são possíveis, outras impossíveis; e algumas coisas são necessárias, outras não são necessárias. Uma proposição é possível quando admite ser verdadeira, não havendo nada nas circunstâncias externas para impedir que seja verdade: "Diocles está vivo". Impossível é aquilo que não admite ser verdadeiro: "A Terra voa". O que é necessário é aquilo que, além de ser verdadeiro, não admite ser falso ou, mesmo que possa ser falso, é impedido de ser falso por circunstâncias externas a si mesmo, como "A virtude é benéfica". Não é necessário é aquilo que, mesmo sendo verdadeiro, ainda pode ser falso se não houver condições externas para impedir, como: "Dião está caminhando". Uma proposição razoável é aquela que tem mais chances de ser verdadeira do que falsa, como: "Estarei vivo amanhã".

Existem também outros tipos de proposições e suas conversões, de verdadeiras para falsas, e reconversões novamente; sobre as quais devemos falar um pouco mais.

XLIX - Um argumento, de acordo com os seguidores de Crinis, consiste em uma premissa maior, uma premissa menor e uma conclusão, como por exemplo: "Se é dia, então está claro; mas é dia, portanto está claro". Aqui, a frase "Se é dia, então está claro" é a premissa maior, a oração "é dia" é a premissa menor, e "portanto está claro" é a conclusão. Um modo é uma espécie de esboço de um argumento, como o seguinte: "Se o primeiro, então o segundo; mas o primeiro é, portanto o segundo é".

O argumento simbólico é uma combinação de argumento completo e um modo; por exemplo: "Se Platão está vivo, ele respira; mas o primeiro é verdadeiro, portanto o segundo é verdadeiro". Este modo de argumento foi introduzido para que, ao lidar com argumentos longos e complexos, não precisemos repetir a premissa menor, se ela for longa, e então afirmar a conclusão, mas possamos chegar à conclusão de forma tão concisa quanto possível: se A, então B.

Dos argumentos, alguns são conclusivos, outros inconclusivos. Inconclusivos são aqueles em que a contradição da conclusão não é incompatível com a combinação das premissas, como no seguinte exemplo: "Se é dia, está claro; mas é dia, portanto Dião está caminhando".

Dos argumentos conclusivos, alguns são denominados pelo nome comum da classe inteira, "conclusivos propriamente ditos", outros são chamados de silogísticos. Os silogísticos são aqueles que não admitem ou são redutíveis a não admitir uma prova imediata em relação a uma ou mais das premissas; por exemplo: "Se Dião está caminhando, então Dião está em movimento; mas Dião está caminhando, portanto, Dião está em movimento". Conclusivos especificamente são aqueles que chegam a conclusões, mas não por silogismo; por exemplo, a afirmação "É dia e noite ao mesmo tempo" é falsa; "agora é dia, portanto não é noite". Argumentos não silogísticos são aqueles que se assemelham plausivelmente a argumentos silogísticos, mas não são provas convincentes; por exemplo: "Se Dião é um cavalo, ele é um animal; mas Dião não é um cavalo, portanto ele não é um animal".

Além disso, os argumentos podem ser divididos em verdadeiros e falsos. Os verdadeiros chegam a suas conclusões por meio de premissas verdadeiras; por exemplo: "Se a virtude faz o bem, o vício faz o mal; mas a virtude faz o bem, portanto o vício faz o mal". Os argumentos falsos têm erro nas premissas ou são inconclusivos; por exemplo: "Se é dia, está claro; mas é dia, portanto Dião está vivo".

Os argumentos também podem ser divididos em possíveis e impossíveis, necessários e não necessários. Além disso, existem declarações que são indemonstráveis porque não precisam de demonstração; elas são empregadas na construção de cada argumento. Quanto ao número dessas declarações, as autoridades no assunto diferem; Crisipo as considera cinco. Estas são adotadas de maneira semelhante no raciocínio, especificamente nos conclusivos e nos silogismos, tanto categóricos quanto hipotéticos.

O primeiro tipo de declaração indemonstrável é aquele em que todo o argumento é construído a partir de uma proposição hipotética e a oração com a qual a proposição hipotética começa, enquanto a oração final é a conclusão; por exemplo: "Se o primeiro for verdadeiro, também é o segundo; mas o primeiro é verdadeiro, portanto, também é o segundo".

O segundo tipo emprega uma proposição hipotética e a contraditória do consequente, enquanto a conclusão é a contraditória do antecedente; por exemplo: "Se é dia, então está claro; mas é noite, portanto não é dia". Aqui, a premissa menor é a contraditória do consequente; a conclusão é a contraditória do antecedente.

O terceiro tipo de declaração indemonstrável emprega uma conjunção de posições negativas para a premissa maior, e uma das proposições conjuntas para a premissa menor, concluindo assim a contraditória da proposição restante; por exemplo: "Platão não está morto e vivo ao mesmo tempo, mas Platão está morto; portanto, Platão não está vivo".

O quarto tipo emprega uma proposição disjuntiva e uma das duas alternativas na disjunção como premissas, e sua conclusão é a contraditória da outra alternativa; por exemplo: "Ou A ou B; mas A é verdadeiro, portanto B não é".

O quinto tipo é aquele em que o argumento como um todo é construído a partir de uma proposição disjuntiva e a contraditória de uma das alternativas na disjunção, sendo sua conclusão a outra alternativa; por exemplo: "Ou é dia ou é noite; mas não é noite, portanto é dia".

De acordo com os estoicos, a verdade segue a verdade, como "está claro", segue "é dia"; e a falsidade segue a falsidade, como "se é falso que é noite, também é falso que está escuro". Às vezes, a verdade também decorre da falsidade; por exemplo, embora seja falso que "a Terra voa", é verdade que "A Terra existe"; Mas a falsidade nunca decorre da verdade; pois a existência da Terra não implica que a Terra voe pelos ares.

Existem também certos "argumentos insolucionáveis": o Velado, o Oculto, o Sorites, o Cornudo, o Ninguém. O Velado é o seguinte[99]: "Não pode ser que, se dois é pouco, três também é igualmente pouco, e se dois ou três são poucos, quatro também é; e assim por diante até dez. Mas dois é pouco, portanto dez também é pouco". O argumento do Ninguém é um argumento cuja premissa maior consiste em uma oração indefinida e uma oração definida, seguida por uma premissa menor e conclusão; por exemplo: "Se alguém está aqui, ele não está em Rodes; mas há alguém aqui, portanto não há ninguém em Rodes".

L - Essas, então, são as doutrinas que os Estoicos mantêm sobre o assunto da lógica, a fim de estabelecer seu ponto de vista de que apenas o homem sábio é o verdadeiro homem dialético. Assim é, pois, todas as coisas, dizem eles, são discernidas por meio do estudo lógico, incluindo o que se enquadra no domínio da Física, e, novamente, o que pertence à Ética: já que, segundo eles, de que outra forma alguém poderia determinar o uso adequado dos termos, ou ainda explicar quais leis são impostas a tais e tais ações? Além disso, como existem duas maneiras de investigar o senso comum sob o viés da Virtude, uma considera a natureza de cada

---

99 NOTA DE R. D. HICKS: Aqui, Laércio, como diz no texto, fornece exemplos de Sorites e de Ninguém, mas nenhum dos outros três argumentos, o Velado, o Oculto e o Cornudo.

coisa em particular, enquanto a outra, questiona o nome que lhe foi dado. Isso bem resume a lógica para os Estoicos.

LI - A parte ética da filosofia é dividida por eles nos seguintes tópicos: o impulso, o bem e o mal, as paixões, a virtude, o bem maior, o "fim", as ações adequadas, a exortação e a dissuasão. Essa divisão foi estabelecida por Crisipo, Arquedemo, Zenão de Tarso, Apolodoro, Diógenes, Antípatro e Posidônio. Zenão de Cítio e Cleantes, sendo mais antigos, adotaram um método mais simples para tratar desses assuntos. Contudo, esses homens subdividiram a Lógica e a Física (a filosofia natural), bem como a Ética.

LII - Dizem que o primeiro impulso de um animal é a autopreservação, pois a natureza desde o princípio torna-o querido para si mesmo, como afirma Crisipo no primeiro livro de seu tratado *Sobre Fins*[100]. Ele diz que o mais importante para todo animal são sua própria existência e consciência dessa existência, pois seria improvável que a natureza tornasse qualquer criatura viva estranha a si mesma, ou mesmo indiferente a si mesma, não sendo nem alienada e nem afeiçoada à sua constituição. Somos, então, forçados a concluir que a natureza, ao constituir o animal, fê-lo ser próximo e querido para si, assim repelindo tudo que lhe for prejudicial e dando-lhe acesso livre às coisas que lhe são úteis e semelhantes.

Quanto ao que dizem alguns sobre o primeiro impulso dos animais, sendo aqui o prazer, mostram os Estoicos que tal afirmação é falsa. Segundo eles, o prazer, se é que existe, seria apenas um subproduto; ele não surge até que naturalmente

---

[100] Do inglês: *On Ends*. (N. do T.)

tenham procurado e encontrado os meios adequados à sua existência, sendo uma consequência da prosperidade da fauna e flora. Além disso, dizem eles, a natureza não faz originalmente distinção entre animais e plantas, pois ela também regula a vida destas últimas, nesse caso sem impulsos ou sensações, assim como certos processos vegetativos — involuntários e inconscientes — podem acontecer conosco. No entanto, como no caso dos animais o impulso foi posto em quantidades maiores, já que eles são capazes de buscar os meios para sua sobrevivência, segundo os Estoicos, a regra principal da natureza seria então seguir tais impulsos. Porém, quando a razão, por meio de um aperfeiçoamento, foi concedida aos seres que chamamos "racionais", transformou a vida que corre de acordo com a racionalidade na nova regra para o que seria verdadeiramente natural. Assim, a razão sobrevém para moldar cientificamente o impulso.

LIII - Por essa razão, Zenão foi o primeiro escritor que, em seu tratado *Sobre a Natureza do Homem*, afirmou que o bem maior era, inegavelmente, viver de acordo com a natureza; o que significa viver de acordo com a virtude, pois a natureza nos leva a esse ponto. Da mesma forma, Cleantes fala em seu tratado *Sobre o Prazer*[101], e o mesmo fazem Posidônio e Hecato, o último em seu ensaio *Sobre os Fins*. Novamente, viver virtuosamente seria equivalente a viver de acordo com as experiências do real curso da natureza, como Crisipo explica no primeiro livro de seu tratado *De Finibus*; pois todas as nossas naturezas individuais fazem parte de uma natureza universal. E é por isso que a finalidade de tudo pode ser definida como a "vida de acordo com a natureza",

---

101 Do inglês: *On Pleasure*. (N. do T.)

ou, em outras palavras, a "vida de acordo com a nossa natureza", a humana, bem como a do universo; uma vida em que nos abstemos de todas as ações proibidas pela lei comum, ou seja, pela razão que em tudo permeia, e é assim idêntica a do Senhor e governante de tudo o que existe: Deus. Assim é a virtude do homem feliz, que permite o suave fluxo da vida, em que todas as ações promovem a harmonia entre o espírito que habita tal homem e a vontade daquele que rege o universo. Diógenes, então, declara expressamente que o objetivo do bem maior é sempre agir racionalmente ao escolher o que é natural. Arquedemo[102], por sua vez, define tal objetivo como a ação de viver no cumprimento de todos os deveres condizentes a nós.

Pela natureza com a qual deveríamos estar vivendo de acordo, Crisipo entende tanto aquela universal quanto a particularmente relativa ao homem, enquanto Cleantes considera apenas a natureza do universo como aquela que deveria ser seguida, não levando em consideração nenhuma individualidade.

Ele afirma que a virtude é uma disposição da mente sempre consistente e sempre harmoniosa; que deve-se buscá-la por si mesma, sem ser influenciado pelo medo, ou esperança, ou por qualquer interferência externa. Além disso, é na virtude que consiste a felicidade; pois ela é o estado de espírito que tende a tornar harmoniosa toda a vida. Quando um animal racional segue pelo caminho errado, é porque permite-se ser enganado pelas aparências de buscas externas, ou talvez

---

[102] Arquedemo de Tarso foi um filósofo estoico citado por Plutarco como "O Ateniense". Também é entendido que fundou uma escola estoica na Babilônia. (N. do T.)

porque fora instigado pelos que o cercam; pois a natureza em si mesma nunca nos dá inclinações senão boas.

LIV - A virtude, em termos gerais, é a perfeição de todas as coisas, como no caso de uma estátua; seja ela irracional, como a boa saúde, ou racional, como a prudência. Como diz Hecato em seu livro *Sobre as Virtudes*, algumas são especulativas e baseadas em teorias, isto é, aquelas que são estruturadas com princípios teóricos, como a prudência e a justiça; já outras, não especulativas, são geralmente vistas em sua extensão como o resultado prático ou efeito das primeiras; como, por exemplo, a saúde e a força. Dessa forma, a temperança é uma das virtudes especulativas, geralmente seguida pela boa saúde, estando assim alinhada ao seu lado; da mesma maneira que a força é o resultado esperado ao final de um trabalho que utiliza dos músculos. Tais virtudes não especulativas recebem esse nome porque não requerem o consentimento da mente, mas são derivadas de outras; elas simplesmente ocorrem e são encontradas até mesmo em pessoas sem valor, como no caso da boa saúde ou da coragem. Posidônio, no primeiro livro de seus tratados sobre Ética, diz que a grande prova da existência da virtude é o fato de que Sócrates, Diógenes, Antístenes e seus seguidores fizeram progresso moral; já para a existência do vício como algo indiscutível, a prova vive no fato disso ser o oposto à virtude. Novamente, Crisipo, no primeiro livro de seu tratado *Sobre o Fim*[103], Cleantes, Posidônio em suas *Exortações*, e Hecato, todos concordam que a virtude pode ser ensinada. Estão certos, e tal pode ser realmente ensinada,

---

103 Do inglês: *On the End*. (N. do T.)

devido ao fato de que certas pessoas tornaram-se boas depois de terem sido más.

Panécio[104], no entanto, divide a virtude em duas: uma especulativa e outra prática; outros fazem ainda uma tripla divisão: a lógica, a natural e a ética. Posidônio divide a virtude em quatro, e Cleantes, Crisipo e Antípatro fazem divisões ainda mais numerosas; Apolofanes[105], por sua vez, afirma que há apenas uma: a prudência.

Entre as virtudes, algumas são primárias e outras estão subordinadas a estas. As primárias são: a prudência, a coragem, a justiça e a temperança. Outras subordinadas são: a magnanimidade, a continência, a resistência, a presença de espírito e a sabedoria no conselho. Os estoicos definem a prudência como o conhecimento do que é bom, mau e do que não é nenhum dos dois; a coragem, como o conhecimento do que deve ser escolhido, evitado, e do que é indiferente; a magnanimidade, como o conhecimento ou o hábito de uma mente elevada, superior a todos os acontecimentos da vida de um homem indiscriminadamente, sejam eles bons ou maus; a continência, como uma disposição que nunca abandona a razão, ou um hábito que nunca cede ao prazer; a resistência, como um conhecimento ou um hábito pelo qual entendemos o que devemos suportar, o que não devemos e o que nos é indiferente; a presença de espírito, como aquilo que nos guia em uma emergência, situação repentina; e a sabedoria no conselho, como o conhecimento que nos leva a julgar o que devemos fazer e como devemos fazê-lo, a fim de

---

104 Panécio de Rodes (185 a.C. - 110 a.C.) foi um filósofo estoico, mestre de Hecato de Rodes e discípulo de Diógenes e Antípatro. (N. do T.)
105 Apolofanes de Antióquia foi um filósofo estoico, amigo e discípulo de Aríston de Quios. (N. do T.)

agir adequadamente. Analogamente, quanto aos vícios, há alguns que são primários e outros que são subordinados; por exemplo, a loucura, a covardia, a injustiça e a intemperança estão entre os vícios primários; a incontinência, a ignorância e a imprudência no conselho estão entre os subordinados. Os vícios podem ser vistos como a incompreensão daquelas coisas as quais as virtudes têm compreensão.

LV - O bem, visto de maneira geral, é aquilo de onde provém alguma vantagem, e mais particularmente, representa em parte o que é realmente útil e em parte o que não é contrário à utilidade. Por essa razão, a virtude em si e todas as coisas que a ela são associadas são consideradas sob três pontos de vista: (1) sua origem; (2) aquilo que com ela está relacionado, como, por exemplo, atos virtuosos; ou ainda, (3) aquela ação que ao ser feita traz a virtude, como quando o homem bom pratica a virtude.[106]

Em outro momento, eles definem o bem de uma maneira peculiar, sendo "o que é perfeito de acordo com a natureza de um ser racional enquanto um ser racional". Em segundo plano, afirmam que a conformidade com a virtude, e todas

---

106 NOTA DE CHARLES DUKE YONGE – A terceira perspectiva está ausente; e aquelas que são fornecidas parecem estar mal selecionadas. O tradutor francês, seguindo a sugestão de Huebner, apresenta o seguinte trecho de Sexto Empírico (um médico da escola Cética, por volta de 250 a.C.), em sua obra *Contra os Filósofos*, o qual ele diz poder corrigir e complementar a declaração de Diógenes Laércio. "Bom é dito em um sentido daquilo que produz o útil, ou do qual o útil resulta; isto é, o bem por excelência, a virtude. Pois a virtude é, por assim dizer, a fonte da qual toda utilidade naturalmente flui. Em outro sentido, é dito daquilo que é acidentalmente a causa da utilidade; sob esse ponto de vista, chamamos de bom não apenas a virtude, mas também as ações que são conformes à virtude, pois são acidentalmente úteis. Em terceiro e último lugar, chamamos de bom tudo o que possivelmente pode ser útil, compreendendo sob essa definição a virtude, ações virtuosas, amigos, homens bons, os deuses, etc., etc."

as ações que participam da virtude, bem como todos os homens bons, são, eles mesmos, de alguma forma, o bem. Em terceiro plano, falam do que disso tudo decorre: a alegria, o divertimento e relacionados. Da mesma forma, eles falam dos vícios, que dividem em loucura, covardia, injustiça e outros mais. Consideram que tudo ligado ao vício, como atos que dele são gerados e homens maus são, eles mesmos, de alguma forma, o mal; e dele decorrem o desânimo, a melancolia e relacionados.

LVI - Novamente, entre os bens, alguns têm referência à mente, e outros são externos; alguns não são nem um, nem outro. Os bens que têm referência à mente são as virtudes e as ações decorrentes delas. Os bens externos incluem: morar em uma nação virtuosa, ter um amigo virtuoso e vê-los prosperar. Aquilo que não pertence a nenhuma dessas categorias é, por exemplo, ser um homem bom e feliz em si mesmo. Reciprocamente, entre os males, alguns fazem referência à mente, como os vícios e as ações que deles se originam; alguns são externos, como morar em uma nação insensata, ter um amigo insensato, e vê-los numa infelicidade. Os males fora disso, por exemplo, moram nos homens desprezíveis e infelizes em si mesmos.

LVII - Novamente, entre os bens, alguns são absolutos, e alguns são apenas recursos, enquanto outros podem ser os dois. Por exemplo, um amigo e os serviços prestados por ele são recursos; mas a coragem, a prudência, a liberdade, o deleite, a alegria, a ausência de dor e todas as ações realizadas de acordo com a virtude são bens absolutos.

Há também, como mencionado antes, alguns bens que servem como ambos, pois, na medida em que proporcionam a felicidade, são apenas recursos, mas quando se tornam parte dela e a complementam, são absolutos. Da mesma forma, entre os males, alguns são absolutos, alguns são consequência, e alguns surgem de ambas as naturezas. Por exemplo, um inimigo e os danos causados por ele são apenas consequências; o medo, a condição social, a escravidão, a infelicidade, a falta de espírito, o pesar excessivo e todas as ações realizadas de acordo com o vício são males absolutos; os que surgem de ambos assim são, pois, na medida em que proporcionam a infelicidade, são consequências, e na medida em que a completam de tal forma a se tornarem partes dela, são males absolutos.

LVIII - Dos bens mentais, alguns são hábitos, outros são disposições, enquanto outros ainda não são nem um, nem outro. Disposições são virtudes, hábitos são práticas, e o exercício de uma capacidade ou aptidão não seria nenhum dos dois. Falando de maneira geral, existem os chamados "bens mistos": a felicidade que encontramos nos filhos ou na velhice. Mas o conhecimento é um bem puro. Alguns bens, porém, estão continuamente presentes, como a virtude; outros são transitórios, como a alegria ou o exercício físico.

LIX - Todo bem é conveniente, necessário, lucrativo, útil, servível, belo, vantajoso, desejável e justo. É conveniente, porque provoca coisas de tal natureza que, pela sua ocorrência, somos beneficiados; lucrativo, na medida em que recompensa todo o cuidado que é dedicado a ele, e gera um retorno com juros para nossa grande vantagem; útil, na medida em que nos fornece o que é de utilidade; servível, porque o utilitário que oferece é digno de todos os elogios; belo, porque está em proporção precisa com a necessidade que temos dele e com o serviço que nos presta; vantajoso, na medida em que é de tal caráter a ponto de nos conferir vantagem; desejável, porque é tal que podemos escolhê-lo racionalmente; e justo, na medida em que está em harmonia com a lei e tende a unir os homens.

A razão pela qual caracterizam o belo (o nobre) como um bem perfeito é porque, naturalmente, possui todos os fatores exigidos pela natureza, e porque revela uma harmonia perfeita. Dos tipos desse bem perfeito, dizem, há quatro: o justo, o corajoso, o pacífico e o sábio; pois é sob estas formas que as ações honestas são realizadas. Da mesma forma, existem quatro espécies do vil ou feio, ou seja, o injusto, o covarde, o desordeiro e o imprudente. Por belo, entende-se propriamente e num sentido único aquele bem que torna seus possuidores louváveis, ou, resumidamente, aquilo que é merecedor de elogios; em um segundo sentido, refere-se àquilo que demonstra boa aptidão para a função adequada, e ainda, o belo pode ser aquilo que oferece graça a qualquer coisa, adornando um homem, como quando dizemos que apenas o sábio é bom e nobre.

Os estoicos também afirmam que apenas o moralmente belo é bom, como Hecato diz no terceiro livro de seu tratado *Sobre os Bens*[107], e Crisipo em seus ensaios *Sobre o Belo*[108]. Eles sustentam que a virtude e tudo o que dela participa consiste nisto: o que equivale a dizer que tudo o que é bom é belo, ou que o termo "bom" tem força igual ao termo "belo", sendo equivalentes. Ou seja, uma vez que algo é bom, também é belo; e se é belo, portanto, é bom.

---

107 Do inglês: *On Goods*. (N. do T.)
108 Do inglês: *On the Morally Beautiful*. (N. do T.)

LX - Eles sustentam que todos os bens são iguais, e que são desejáveis no mais alto grau, não admitindo que a intensidade aumente ou diminua. Além disso, eles dividem todas as coisas existentes em boas, ruins e indiferentes. As boas são as virtudes: a prudência, a justiça, a coragem, a temperança e outras qualidades semelhantes. As ruins são contrárias: a loucura, a injustiça e demais. São indiferentes aquelas que não são nem benéficas nem prejudiciais, como: a vida, a saúde, o prazer, a beleza, a força, a riqueza, a boa reputação, a nobreza de nascimento; e seus contrários: a morte, a doença, o trabalho, a desgraça, a fraqueza, a pobreza, a má reputação, a baixa classe social e coisas do tipo. Assim Hecato estabelece no sétimo livro de seu tratado *De Fine*, seguido por Apolodoro, em sua obra Ética, e por Crisipo, pois afirmam que tais coisas (como a vida e a saúde) não são boas em si, ou bens em si, mas sim indiferentes, embora talvez um pouco mais próximas de uma categoria do que de outra, já que são "preferíveis". Pois, assim como é propriedade do quente aquecer e não esfriar, também é propriedade do bem beneficiar e não prejudicar. Mas, a riqueza e a saúde não trazem mais benefícios do que danos; portanto, nem a riqueza nem a saúde são bens[109]. Além disso, afirmam que algo bom, podendo ser utilizado de forma ruim, não é verdadeiramente bom: é possível fazer uso bom e ruim da riqueza ou da saúde; portanto, riqueza e saúde não são bens. No entanto, Posidônio sustenta que essas coisas também estão entre os bens. Porém, Hecato, no décimo nono livro de

---

109 A riqueza e a saúde não trazem mais benefícios do que danos no sentido de que podemos perdê-las a qualquer momento, ou seja, não são coisas duradouras, podendo nos causar dependência e, consequentemente, sofrimento ao não estarem mais disponíveis para nós. (N. do R.)

seu tratado *Sobre os Bens*, e Crisipo, em seus tratados *Sobre o Prazer*, negam que o prazer seja um bem. Afirmam eles que há prazeres vergonhosos, e que nada vergonhoso seria bom. O ato de beneficiar uma pessoa seria movê-la ou mantê-la de acordo com a virtude, mas prejudicá-la seria movê-la ou mantê-la de acordo com o vício.

Eles também afirmam que as coisas indiferentes são assim denominadas de duas maneiras: primeiro, são chamadas assim pois não têm influência em gerar felicidade ou infelicidade; como, por exemplo: riquezas, glória, saúde e força. É possível que alguém seja feliz sem nenhuma dessas coisas, e também o caráter de seu uso influencia na felicidade ou infelicidade como consequência. Num segundo momento, essas coisas são chamadas de "indiferentes", pois não excitam qualquer inclinação ou aversão, como, por exemplo: o fato de um homem ter um número par ou ímpar de cabelos na cabeça, esticar ou encolher os dedos. Assim, não é nesse sentido que as coisas mencionadas no início são chamadas de indiferentes, pois elas realmente excitam inclinação ou aversão. Por esse motivo, algumas delas são escolhidas, embora haja igual razão para preferir ou evitar todas as outras.

LXI - Das coisas indiferentes, algumas são preferíveis (προηγμένα) e outras evitáveis (ἀποπροηγμένα). São preferidas aquelas que têm algum valor próprio (ἀξίαν), e são evitadas aquelas que não têm valor algum (ἀπαξίαν ἔχοντα). Pelo termo "valor próprio", em primeiro lugar, referem-se a qualquer contribuição para uma vida harmoniosa, e, nesse sentido, todo bem tem seu valor próprio. Em segundo lugar, algo tem valor quando, de alguma forma, exerce sobre nós um poder que contribui para uma vida de acordo com a natureza: o que equivale a "qualquer ajuda trazida pela riqueza ou pela saúde que proporcione uma vida próxima à natureza". Em terceiro lugar, o valor é a característica do preço que alguém estabelece para a obtenção de um objeto; alguém, com experiência em relação ao objeto desejado, que fixa seu preço justo; como se disséssemos, por exemplo, que certo trigo pode ser comprado com cevada, acrescentando um burro para compensar a diferença.

Portanto, os bens mais preferíveis, que possuem um valor positivo, estão entre os bens mentais, as habilidades naturais, as destrezas, os aprimoramentos morais e demais; no caso dos bens corporais, temos a vida, a saúde, a força, uma boa constituição, a solidez e a beleza; e no caso dos bens externos, temos as riquezas, a glória, a nobreza de nascimento, e coisas do tipo. As coisas evitáveis são, no caso de qualidades mentais, a estupidez, a falta de habilidades e outros; no caso de circunstâncias que afetam o corpo, a morte, a doença, a fraqueza, uma constituição ruim, a mutilação, a desgraça e coisas do tipo; no caso de circunstâncias externas, a pobreza, a falta de reputação, a nascimento ignóbil e tais mais. Porém, qualidades e circunstâncias indiferentes não são nem preferíveis nem evitáveis.

Novamente, das coisas preferíveis, algumas são preferidas por si mesmas, e outras pelo bem de outras questões. Aquelas preferidas por si mesmas são a habilidade, o aprimoramento; as preferidas pelo bem de outras questões são as riquezas, a nobreza de nascimento; aquelas preferidas tanto por si mesmas quanto pelo bem de outras questões são a força, o vigor dos sentidos, a saúde e coisas do tipo; são preferidas por si mesmas na medida em que estão de acordo com a natureza, e pelo bem de outras questões na medida em que abrangem maiores vantagens. O mesmo ocorre na proporção inversa, com coisas evitáveis.

LXII - Ademais, também atrelam isso a um sentimento de *dever*, pois quando feito contém em si argumentos racionais pelos quais deveríamos preferi-lo; como, por exemplo, corresponder à natureza da própria vida: esse argumento se estende a plantas e animais, pois até mesmo a natureza deles está sujeita à obrigação de certos deveres.

O *dever* (τὸ καθῆκον) recebeu tal nome primeiramente de Zenão, sendo esse termo derivado de "algo que se precisa alcançar" e "estar à altura de algo", ou, de acordo com outros estudiosos, ἀπὸ τοῦ κατά τινας ἥκειν: um comando afim aos arranjos da natureza. Agora, das coisas feitas por impulso, algumas são deveres, e algumas são contrárias ao dever — além das que não se relacionam e nem se opõem. São deveres aquelas que a razão escolhe fazer, como, por exemplo, honrar os pais, os irmãos, a nação, ou agradar aos amigos. Ações contrárias ao dever são aquelas que a razão não escolhe, como, por exemplo, negligenciar os pais, ser indiferente aos irmãos, evitar ajudar os amigos, não ligar para o bem-estar da nação, e assim por diante. As que não são deveres e nem contrárias ao dever, são as que a razão não escolhe fazer, mas, por outro lado, também não repudia, por exemplo: pegar palha, segurar uma caneta, ou um pente, e outras mais.

Mais uma vez, alguns deveres são incumbidos incondicionalmente, outros em determinadas circunstâncias. Não dependemos das circunstâncias para cuidar da saúde, dos nossos órgãos e sentidos, por exemplo. Os deveres impostos pelas circunstâncias são ações como: mutilar-se ou sacrificar bens materiais. O mesmo acontece com atos que constituem violações do dever. Outra divisão coloca os deveres como sempre incumbíveis e outros que nem sempre são. Sempre um dever seria vivermos de acordo com a virtude; mas, fazer perguntas, dar respostas, caminhar e coisas do tipo, são atos responsáveis, mas não obrigatórios. A mesma afirmação é válida em relação às ações contrárias ao dever. Há também, nas ações intermediárias, um senso de dever, pois subordinados devem obedecer a seus mestres.

LXIII - De acordo com os estoicos, há uma divisão óctupla da alma: os cinco sentidos, a faculdade da fala, a faculdade intelectual, que é a mente em si, e a faculdade geradora, sendo todas partes da alma. Agora, da falsidade resulta a perversão, que se estende à mente; e desta perversão surgem muitas paixões ou emoções, que são causas de instabilidade. Paixão, ou emoção, é, segundo Zenão, um movimento da mente ou inclinação supérflua, irracional e contrária à natureza. Além disso, da classe superior de perturbações, como diz Hecato, no segundo livro de seu tratado *Sobre as Paixões*[110], e como também Zenão diz em sua obra de mesmo título, existem quatro tipos: a tristeza, o medo, o desejo e o prazer. Consideram que tais perturbações são julgamentos, como argumenta Crisipo em sua obra *Sobre as Paixões*, pois a avareza é a opinião de que o dinheiro é um bem, e da mesma forma, a embriaguez, a intemperança e outras coisas do tipo podem também ser julgamentos.

A tristeza é definida como uma contração irracional da mente, dividindo-a nas seguintes categorias: pena, inveja,

---

110 Do inglês: *On the Passions*. (N. do T.)

emulação, ciúmes, dor, aborrecimento, pesar, angústia e confusão. A pena é uma tristeza sentida por alguém, ao estar em aflição injusta. A inveja é uma tristeza pela boa sorte de outro. A emulação, pelo que pertence a outra pessoa e que se deseja para si mesmo. O ciúmes, pelo fato do outro também ter o que se tem. A dor, é uma tristeza que nos oprime. O aborrecimento, é algo que nos estreita e nos faz sentir em um aperto. O pesar é uma tristeza decorrente do pensamento deliberado, que perdura por algum tempo e aumenta gradualmente. A angústia, uma tristeza com dor aguda. A confusão, algo irracional que nos aflige e nos impede de discernir claramente as circunstâncias presentes.

O medo é a expectativa do mal, e os seguintes sentimentos são todos classificados sob a categoria de medo: apreensão, hesitação, vergonha, perplexidade, pânico e ansiedade. A apreensão é um medo que produz alarme. A vergonha, medo da desonra. A hesitação, medo da necessidade de uma ação iminente. A perplexidade, medo proveniente da imaginação de algo incomum. O pânico, medo acompanhado de opressão sonora. A ansiedade, medo de um evento incerto, que ainda está por acontecer.

O desejo é um apetite irracional; a esse respeito, os seguintes sentimentos são referíveis: carência, ódio, incerteza, raiva, paixão, ressentimento e fúria. A carência é o desejo que surge quando não temos algo, e, assim, separados do objeto desejado, somos atraídos em vão em direção a ele. O ódio é o desejo crescente e duradouro de que alguém adoeça, ou de que algo ruim aconteça com tal pessoa. A incerteza surge de escolhas deliberadas. A raiva, é a vontade de vingança contra alguém que parece ter nos prejudicado de maneira inadequada. A paixão, não mais se trata de um objeto virtuoso, pois concilia o afeto em razão de aparências. O ressentimento é a raiva em seu início. A fúria, é algo de longa duração, cheia de ódio e vigilante, como mostrado nos seguintes versos:

> Pois embora consideremos a breve fúria como algo passado, com certeza, os poderosos irão vingar-se no final[111].

O prazer é uma exaltação irracional diante daquilo que parece ser desejável, e seus diferentes tipos incluem: o encanto, a alegria malévola, o deleite e a alegria extravagante. O encanto é um prazer que cativa a mente pelos ouvidos. A alegria malévola (ἐπιχαιρεκακία) surge com as desgraças alheias. O deleite (τέρψις), ou a entrega, é uma propulsão da mente para a fraqueza (προτροπή τις ψυχῆς). A alegria extravagante, uma dissolução da virtude.

E, assim como se diz que existem as doenças (ἀρρωστήματα) do corpo, como, por exemplo, a gota e a artrite, também existem as doenças da alma, como: o gosto pela glória, pelo prazer, e outros sentimentos do tipo. Um ἀρρώστημα é uma doença acompanhada de fraqueza, e uma doença afeta nossa mente, manipulando nossas vontades. Assim como em casos físicos existem doenças às quais somos especialmente propensos — resfriados ou desarranjos intestinais — também existem propensões às quais a mente está sujeita, como a inveja, a pena, o desentendimento, e assim por diante.

---

111 NOTA DE CHARLES DUKE YONGE —Homero, *A Ilíada*, Cap. I, verso 81, versão do Papa Alexandre.

Existem também três boas disposições da mente: a alegria, a cautela e a vontade. A alegria é o oposto do prazer, pois é uma exaltação racional da mente; então, a cautela é o oposto do medo, evitando racionalmente o que poderia causá-lo, pois o homem sábio nunca irá senti-lo, e agirá sempre com cautela; a vontade, seria então no oposto do desejo, pois não é um anseio, e baseia-se na racionalidade. E, portanto, assim como sob as perturbações primárias são classificadas certas outras que lhes estão subordinadas, o mesmo acontece com as boas disposições primárias. Consequentemente, sob a vontade surgem: a benevolência, a placidez, o respeito e o afeto; sob a cautela, temo a reverência e a modéstia; sob a alegria, temos o contentamento, o riso e o entusiasmo.

LXIV - Afirmam também que o homem sábio está livre de perturbações, sendo apático, pois ele não tem propensões para as enfermidades da mente. Porém, tal coisa (apatia) também existe no homem mau, sendo, no entanto, algo completamente diferente; decorre apenas de sua insensibilidade e inflexibilidade. Além disso, o homem sábio está livre da vaidade, pois observa com igual olhar o glorioso e o inglório. Contudo, admitem que há outro indivíduo isento de vaidade: aquele que é imprudente, ou seja, o homem mau. Também dizem que todos os homens virtuosos são austeros, porque nunca fazem referência ao prazer, nem ouvem o que é dito pelos outros com relação a isso. Ao mesmo tempo, o termo severo, ou austero, é aplicado em outros contextos, e no mesmo sentido: quando um vinho é empregado medicinalmente e não para beber.[112]

---

[112] Ou seja, quando o homem é severo, ou austero, não usa das coisas para bel-prazer, mas consciente dos benefícios que podem vir com suas ações para além. (N. do R.)

Também afirmam que os sábios são homens honestos, atentos às questões que podem torná-los pessoas melhores, banindo o mal de vista e revelando o bem. Não há hipocrisia neles, pois cortam toda pretensão e fingimento, tanto na voz quanto na aparência. Eles se afastam dos negócios, recusando-se a fazer qualquer coisa que entre em conflito com o dever. Bebem vinho, mas não ficam bêbados, e nunca cedem à loucura, embora a imaginação possa momentaneamente exercer sobre eles certo poder, devido a melancolia ou algum delírio, surgindo não de acordo com o princípio do que é desejável e preferível, mas contrário à natureza. Novamente, o sábio não sentirá tristeza, pois trata-se de uma reação irracional da alma, como Apolodoro a define em sua obra Ética.

Eles também são, como dizem, divinos, pois têm a essência de Deus, enquanto o homem mau é ateu. Agora, há dois tipos de ateus: um que fala com hostilidade em relação à natureza divina, e outro que a ignora completamente. No entanto, eles admitem que nem todos os homens maus são ateus nesse último sentido. Os bons, pelo contrário, são piedosos, pois têm um conhecimento profundo das leis relativas aos deuses, e a piedade é ligada à reverência e adoração. Além disso, eles sacrificam aos deuses e se mantêm puros, pois evitam todas as ofensas aos deuses, e estes os admiram; são sagrados e justos em tudo o que diz respeito à divindade. Os homens sábios são os únicos sacerdotes; pois se dedicaram aos estudos sagrados, à construção de templos, às purificações e a todas as outras coisas que dizem respeito especialmente aos deuses.

Os estoicos também afirmam que os homens têm o dever de honrar seus pais e seus irmãos, mas em segundo lugar, depois dos deuses. Dizem que o afeto paternal pelos filhos é natural, sentimento que não existe nos homens maus. Estabelecem a posição de que todos os delitos são iguais, como argumenta Crisipo no quarto livro de suas *Questões Éticas*[113], e assim afirmam Perseu e Zenão, pois, se uma coisa que é verdadeira não é mais verdadeira do que outra — que também é verdadeira — então uma coisa que é falsa não é mais falsa do que outra — que também é falsa. Da mesma forma, um engano não é maior do que outro, nem um pecado mais pecaminoso do que outro, pois o homem que está a cem estádios de Canopus e o homem que está apenas a um estádio estão igualmente fora de Canopus; e da mesma forma, aquele que comete um pecado maior e aquele que comete um pecado menor estão igualmente fora do caminho virtuoso. Porém, Heráclides de Tarso[114], amigo de Antípatro de Tarso e Atenodoro, afirma que pecados não podem ser equivalentes.

Mais uma vez, os estoicos, como, por exemplo, Crisipo, no primeiro livro de sua obra *Sobre Vários Tipos de Vida*[115], afirmam que o homem sábio participará dos assuntos do Estado — se nada o impedir —, pois ele restringirá o vício e incentivará os homens à virtude. Além disso, dizem que ele se casará, como Zenão afirma em sua *República*, e terá filhos. Ademais, o homem sábio nunca formará opiniões duvidosas, ou seja, nunca concordará com nada que seja falso, e acabará

---

113 Do inglês: *Ethical Questions*. (N. do T.)
114 Heráclides de Tarso foi um filósofo estoico e pupilo de Antípatro. Estudou com Aristocreonte, sobrinho de Crisipo, e Arcademo de Tarso. (N. do T.)
115 Do inglês: *On Various Types of Life*. (N. do T.)

tornando-se um *cínico*, pois o Cinismo é um caminho curto para a virtude, como Apolodoro diz em sua obra Ética — e ele até mesmo comerá carne humana, se houver necessidade. Ele é o único homem livre, e os homens maus são escravos, pois a liberdade é um poder de agirmos independentemente do que, enquanto a escravidão é a privação de qualquer ação. Há, apesar, outra forma de escravidão, que consiste na sujeição; e ainda uma terceira, que consiste na posse e sujeição: o oposto do qual é o senhorio, que também é um homem mau.

Não apenas os sábios são livres, mas também são reis, pois a realeza e o poder que dela surge são de uma responsabilidade tamanha, algo que apenas o homem sábio poderia manter, como afirma Crisipo em seu tratado, justificando o uso da terminologia por Zenão: ele sustenta que o conhecimento do bem e do mal é um atributo necessário do governante, e que nenhum homem mau está familiarizado com tal ciência. Da mesma forma, afirmam que os sábios são os únicos aptos a serem magistrados, juízes ou oradores, e que nenhum dos maus é qualificado para tais tarefas. Além disso, que estão livres de qualquer erro, sendo infalíveis. Também, não causam ofensas, pois nunca prejudicam ninguém, nem a si mesmos; não sentem pena e nunca fazem concessões, pois não afrouxam as punições estabelecidas por lei, uma vez que a clemência, a piedade e a misericórdia são marcas de uma mente fraca, afetada pela bondade excessiva que não permite castigar. Assim, não acham que exista punição demasiado severa. Novamente, afirmam que o sábio nunca se maravilha com nenhuma das coisas que parecem extraordinárias, como, por exemplo, as histórias sobre o Caronte, as marés vazantes, as fontes termais, ou as erupções flamejantes. Porém, dizem eles ainda, o sábio não viverá em solidão, pois ele é sociável e prático por natureza. Consequentemente, ele será ativo e fortalecerá seu corpo em busca de vigor. O sábio também rezará, pedindo coisas boas aos deuses, como diz Posidônio no primeiro livro de seu tratado *Sobre os Deveres*[116], e Hecato no décimo terceiro livro de seu tratado *Sobre Paradoxos*[117].

Eles também afirmam que a amizade existe apenas nos virtuosos, devido à sua semelhança uns com os outros. Descrevem a amizade em si como a comunhão das coisas que dizem respeito à vida, já que vemos nossos amigos como vemos a nós mesmos. Afirmam que um amigo é desejável por si mesmo, e que o número de amigos que se tem é um bem, mas, entre os ímpios, não há tal coisa como a amizade, pois nenhum homem mau pode ter um amigo verdadeiro. Além disso, afirmam que todos os tolos (os que não são sábios) são loucos, pois são imprudentes. A loucura é equivalente à tolice em todas as suas ações, mas o homem sábio faz tudo de maneira adequada, assim como dizemos que Ismênias sabe tocar bem todas as composições em uma flauta. Também dizem que tudo pertence ao homem sábio, pois a lei lhes deu poder completo e universal, mas algumas coisas também pertencem aos maus, da mesma forma que outras pertencem aos injustos; como uma casa pertence a uma cidade, diferentemente das coisas que pertencem à pessoa que as utilizam.

LXV - Eles afirmam que as virtudes estão correlacionadas, e que quem possui uma, possui todas elas; pois os preceitos de todas são comuns, como afirma Crisipo no primeiro livro

---

116 Do inglês: *On Duties*. (N. do T.)
117 Do inglês: *On Paradoxes*. (N. do T.)

de seu tratado *Sobre as Virtudes*[118], Apolodoro, em sua obra *Filosofia Natural Segundo a Academia Antiga*[119], e Hécato, no terceiro livro de seu tratado *Sobre as Virtudes*: dizem que o homem dotado de virtude é capaz de considerar e também de fazer o que deve ser feito. Mas, o que deve ser feito precisa ser escolhido, suportado, mantido e repartido; de modo que, se o homem faz coisas por escolha deliberada, suportando-as, de forma a compartilhá-las pacientemente, ele é prudente, corajoso, justo e moderado. Cada uma das virtudes foca em algo particular, algo do qual se ocupa; como, por exemplo, a coragem lida com as coisas que devem ser suportadas; a prudência lida com o que deve ser feito e o que não deve ser feito, o que é de caráter neutro ou indiferente. Da mesma forma, a sabedoria e a astúcia seguem caminho com a prudência; a ordem e o decoro seguem a temperança; a igualdade e a bondade seguem a justiça; a constância e o vigor seguem a coragem.

Outra doutrina dos Estoicos é que não há nada intermediário entre a virtude e o vício, enquanto os Peripatéticos afirmam que há um estágio entre os dois, acreditando que há uma fase de melhoria com relação aos vícios que ainda não chegou à virtude. Os Estoicos dizem que, assim como um bastão deve ser ou reto ou torto, um homem deve ser justo ou injusto, e não pode ser mais justo ou injusto do que tais palavras conseguem expressar. A mesma regra se aplica a todos os casos. Além disso, Crisipo é da opinião de que a virtude pode ser perdida, mas Cleantes afirma que não se pode perdê-a. Um diz que podemos perdê-la

---

118 Do inglês: *On Virtues*. (N. do T.)
119 Do inglês: *Physics According to the Early School*. (N. do T.)

por embriaguez ou melancolia, e o outro sustenta que não se pode por causa das firmes percepções que ela implanta nos homens. Também afirmam que trata-se de um objeto de escolha, portanto, temos vergonha das ações que fazemos de maneira imprópria, enquanto temos consciência de que o ato honroso é o único ato do bem. Novamente, afirmam que a virtude é por si só é suficiente para a felicidade, como diz Zenão, sendo seguido nessa afirmação por Crisipo no primeiro livro de seu tratado *Sobre as Virtudes*, e por Hécato no segundo livro de seu tratado *Sobre os Bens*. "Pois se", diz ele, "a magnanimidade for suficiente por si só para nos permitir agir de maneira superior a todos os outros homens, e se isso é parte da virtude, então a virtude é por si só suficiente para a felicidade, desprezando todas as coisas que lhe parecem trabalhosas." No entanto, Panécio e Posidônio não admitem que a virtude tenha essa suficiência por si só, mas afirmam que também é necessário ter boa saúde, competência e força. Eles opinam que um homem exerce a virtude em tudo, como Cleantes afirma, pois ela não pode ser perdida; o homem virtuoso, em todas as ocasiões, exercita sua alma, que está em constante perfeição.

LXVI - Ademais, eles dizem que a justiça existe por natureza, e não por causa de qualquer definição ou princípio — assim como a lei, ou a conduta correta, como nos diz Crisipo em seu tratado *Sobre o Belo*. Eles acham que não se deve abandonar a filosofia por causa das diferentes opiniões entre os filósofos, pois, segundo Posidônio argumenta em suas *Exortações*, seguindo esse princípio, as pessoas abandonariam completamente a vida. Outra doutrina sobre a qual Crisipo fala é que o conhecimento geral é sempre muito útil. A Escola em geral sustenta que não temos obrigações de justiça para com outros animais, devido à sua dissimilaridade conosco, como afirma Crisipo no primeiro livro de seu tratado *Sobre a Justiça*[120], e a mesma opinião é mantida por Posidônio no primeiro livro de seu tratado *Sobre o Dever*[121]. Eles afirmam também que o homem sábio amará os jovens que, pela sua aparência exterior, mostram uma aptidão natural para a virtude; e essa opinião é defendida por Zenão, em sua *República*, por Crisipo no primeiro livro de sua obra *Sobre Os Modos de Viver*[122], e por Apolodoro em sua obra Ética. Eles descrevem o amor como um esforço para beneficiar um amigo por causa de sua beleza visível, e que é um atributo não da simples conhecença, mas da amizade. Portanto, o amor, segundo eles, é uma parte da amizade, como Crisipo afirma em seu ensaio *Sobre o Amor*, e não é digno de reprovação. Além disso, a beleza é a flor da virtude.

E, como existem três tipos de vidas — a teórica, a prática e a lógica — eles afirmam que a última é a que deve ser escolhida. Pois um animal lógico, ou seja, racional, foi feito pela natureza com o propósito de especulação e ação. Eles dizem que um homem sábio se retirará da vida de maneira muito racional, seja pelo bem de seu país ou de seus amigos, ou se estiver em grande dor, ou sob a aflição de mutilação, ou doença incurável. Eles também ensinam que as mulheres devem ser comuns entre os sábios, para que quem quer que encontre uma possa desfrutá-la, e essa doutrina é mantida por Zenão em sua *República*, por Crisipo em seu tratado *Sobre a Política,* por Diógenes, o Cínico, e por Platão; e então, dizem

---

120 Do inglês: *On Justice*. (N. do T.)
121 Do latim: *De Officio*. (N. do T.)
122 Do inglês: *On Modes of Life*. (N. do T.)

eles, amaremos todos os meninos igualmente, à maneira dos pais, e toda suspeita de familiaridade inadequada será removida.

LXVII - Os estoicos dividem a filosofia natural nos tópicos de corpos, princípios, elementos, deuses, limites, lugar e vácuo. E fazem essas divisões de acordo com as espécies, mas de acordo com os gêneros, dividem-nas em três tópicos: o do mundo, o dos elementos e o terceiro é aquele que raciocina sobre causas. O tópico sobre o mundo, dizem eles, é subdividido em duas partes. Pois, de um ponto de vista, os matemáticos também têm uma participação nele; e é assim que eles investigam a natureza das estrelas fixas e dos planetas; por exemplo, se o sol é do tamanho que parece ser, e da mesma forma, se a lua é; e da mesma forma, investigam a questão do movimento esférico e outras de caráter semelhante. O outro ponto de vista é aquele reservado exclusivamente para filósofos naturais, de acordo com o qual é examinada a existência e a substância das coisas (por exemplo, se o sol e as estrelas consistem de matéria e forma) e se o sol nasce ou não nasce, se é vivo ou inanimado, corruptível ou incorruptível, se é regulado pela Providência, e outras perguntas desse tipo.

O tópico que examina as causas, eles dizem, também é divisível em duas partes; e, com relação a uma de suas considerações, as investigações dos médicos dela participam; segundo a qual é que eles investigam o princípio dominante da alma, e as coisas que existem na alma, e sementes, e coisas desse tipo. E sua outra divisão também é reivindicada como pertencente a eles pelos matemáticos, como, por exemplo, como vemos, qual é a causa de nossa aparência ser refletida em um espelho, como as nuvens são coletadas, como o trovão é produzido, e o arco-íris, e o halo, e cometas, e coisas desse tipo.

LXVIII - Eles afirmam que existem dois princípios gerais no universo, o ativo e o passivo. Que o passivo é a matéria, uma existência sem nenhuma qualidade distintiva. Que o ativo é a razão que existe no passivo, ou seja, Deus. Porque ele, sendo eterno e existindo em toda a matéria, cria tudo. E Zenão de Cítio estabelece essa doutrina em seu tratado *Sobre a Existência*[123], e o mesmo faz Cleantes em seu ensaio *Sobre os Átomos*[124], Crisipo no primeiro livro de sua *Filosofia Natural*, perto do final, Arcademo em seu trabalho *Sobre os Elementos*[125], e Posidônio no segundo livro de seu tratado *Exposição Sobre a Filosofia Natural*[126]. Mas eles dizem que princípios e elementos diferem entre si. Pois que um deles não teve geração ou começo e não terá fim; mas que os elementos podem ser destruídos pela ação do fogo. Além disso, que os elementos são corpos, mas os princípios não têm corpos e nem formas, e os elementos também têm formas.

Agora, um corpo, diz Apolodoro em sua obra *Filosofia Natural*, é estendido de três maneiras; em comprimento, em largura, em profundidade; e então é chamado de corpo sólido; e a superfície é o limite do corpo que tem apenas comprimento e largura, mas não profundidade. Mas Posidônio, no terceiro livro de seus *Fenômenos Celestiais*[127], não permitirá que uma superfície tenha qualquer realidade

---

123 Do inglês: *On Existence*. (N. do T.)
124 Do inglês: *On Atoms*. (N. do T.)
125 Do inglês: *On Elements*. (N. do T.)
126 Do inglês: *Physical Exposition*. (N. do T.)
127 Do inglês: *Celestial Phenomena*. (N. do T.)

substancial ou existência inteligível. Uma linha é o limite de uma superfície, ou comprimento sem largura, ou algo que não tem nada além de comprimento. Um ponto é a fronteira de uma linha e é o menor de todos os símbolos.

Eles também ensinam que Deus é unidade, e que ele é chamado Mente, Destino, Júpiter e por muitos outros nomes. E que, como ele estava no início sozinho, transformou em água toda a substância que permeava o ar; e como a semente está contida no produto, ele, sendo o princípio seminal do mundo, permaneceu na umidade, tornando a matéria adequada para ser usada por ele na produção das coisas que viriam depois; e, então, em primeiro lugar, ele fez os quatro elementos, fogo, água, ar e terra. E Zenão fala sobre isso em seu tratado *Sobre o Universo*[128], e assim também faz Crisipo no primeiro livro de sua obra *Física*, e Arcademo em algum tratado *Sobre os Elementos*.

LXIX - Agora, um elemento é aquilo de onde, no início, todas as coisas que existem são produzidas e para onde todas as coisas são finalmente resolvidas. E os quatro elementos são todos igualmente uma essência sem nenhuma qualidade distintiva, ou seja, matéria; mas o fogo é o quente, a água o úmido, o ar o frio e a terra o seco — embora essa última qualidade também seja comum ao ar. O fogo é o mais elevado, e isso é chamado de éter, no qual, em primeiro lugar, foi gerada a esfera em que as estrelas fixas estão situadas, depois aquela em que os planetas giram; depois o ar, depois a água; e o sedimento, por assim dizer, de todos é a terra, que está localizada no centro dos demais.

---

128 Do inglês: *On the Whole*. (N. do T.)

LXX - Eles também falam do mundo em um sentido triplo; às vezes se referindo a Deus próprio, a quem chamam de um ser de uma certa qualidade, tendo como sua manifestação peculiar a substância universal, um ser imperecível e que nunca teve qualquer geração, sendo o criador da ordem que vemos; e que, após certos períodos de tempo, absorve toda substância em si mesmo e depois a reproduz a partir de si mesmo. E essa disposição das estrelas eles chamam de mundo, e assim o terceiro sentido é composto pelos dois anteriores. E o mundo é uma coisa que é peculiarmente de tal ou qual qualidade, consistindo de substância universal, como Posidonius afirma em sua obra elementar *Fenômenos Celestiais*, sendo um sistema composto de céu e terra, e todas as criaturas que existem neles; ou pode ser chamado de um sistema composto por deuses e homens, e pelas coisas criadas por causa deles. E o céu é a circunferência mais remota do mundo, na qual toda a Natureza Divina está situada.

Além disso, o mundo é habitado e regulado de acordo com a inteligência e a providência, como diz Crisipo em seus trabalhos *Sobre a Providência*[129], e Posidônio no décimo terceiro livro de seu tratado *Sobre os Deuses*[130], já que a mente penetra em cada parte do mundo, assim como a alma nos permeia; mas isso ocorre em maior grau em algumas partes e em menor grau em outras. Por exemplo, ela penetra como um hábito, como nos ossos e tendões; e em alguns ela penetra como a mente, por exemplo, no princípio dominante. E assim, o mundo inteiro, sendo um ser vivo, dotado de alma e razão, tem o éter como seu princípio dominante, como

---

[129] Do inglês: *On Providence*. (N. do T.)
[130] Do inglês: *On the Gods*. (N. do T.)

Antípatro de Tiro[131] afirma no oitavo livro de seu tratado *Sobre o Mundo*[132]. Mas Crisipo, no primeiro livro de seu ensaio sobre a Providência, e Posidônio em seu tratado *Sobre os Deuses*, dizem que o céu é o princípio dominante do mundo; e Cleantes atribui isso ao sol. Contudo, Crisipo, sobre este ponto, contradiz a si mesmo; pois ele diz em outro lugar que a porção mais sutil do éter, que também é chamada pelos estoicos de primeiro Deus, é o que é infundido de maneira sensível em todos os seres que estão no ar, e através de todo animal e toda planta, e através da própria terra de acordo com um certo hábito; e que é isso que lhes comunica a faculdade de sentir.

Eles afirmam que o mundo é único e finito, tendo uma forma esférica, pois essa forma é a mais adequada para o movimento, como Posidônio afirma no décimo quinto livro de suas *Discursos Sobre Filosofia Natural*[133], e assim também diz Antípatro em suas obras sobre o Mundo. Na parte externa, há um vácuo ilimitado, que é incorpóreo. Por incorpóreo entende-se aquilo que, embora capaz de ser ocupado por corpo, não é ocupado. O mundo não tem espaço vazio em seu interior, mas forma um todo unido; pois essa condição é necessariamente produzida pela concórdia e harmonia entre os corpos celestes e os da Terra. Crisipo menciona um vácuo em seu ensaio *Sobre o Vácuo*[134], e também no primeiro livro de seu tratado *Sobre as Ciências Naturais*[135], assim como

---

131 Antípatro de Tiro foi um filósofo estoico, amigo do político estoico Marco Pórcio Catão Uticense, conhecido como Catão, o Jovem, e do político, orador e escritor Cícero. (N. do T.)
132 Do inglês: *On the Cosmos*. (N. do T.)
133 Do inglês: *Physical Discourse*. (N. do T.)
134 Do inglês: *On Void*. (N. do T.)
135 Do inglês: *Physical Sciences*. (N. do T.)

Apolofanes[136] em sua obra *Filosofia Natural*, e Apolodoro e Posidônio no segundo livro de seus *Discursos Sobre Filosofia Natural*. Eles dizem que essas coisas são todas incorpóreas e todas iguais. Além disso, afirmam que o tempo é incorpóreo, pois é um intervalo do movimento do mundo, e ainda sobre o tempo, o passado e o futuro são ambos ilimitados, mas o presente é limitado. Eles afirmam que o mundo é perecível, na medida em que foi produzido pela razão e é uma das coisas perceptíveis pelos sentidos; e tudo o que tem suas partes perecíveis também deve ser perecível no todo. E as partes do mundo são perecíveis, pois mudam umas nas outras. Portanto, o mundo inteiro é perecível. Portanto, se algo admite uma mudança para pior, é perecível; com isso, o mundo é perecível, pois pode secar ou pode ser coberto de água.

Os estoicos propuseram que o mundo foi criado quando sua substância passou de fogo para água, sob a ação do ar. Como resultado, as partes mais densas coagularam, formando a terra, enquanto as porções mais finas evaporaram e se tornaram ar. Com maior rarefação, o ar se transformou em fogo. A combinação desses elementos levou à criação de plantas, animais e várias outras entidades. Zenão, Cleantes e Antípatro discutiram a criação e destruição do mundo em suas obras, como *Sobre o Universo* de Zenão, Crisipo em sua *Filosofia Natural*, Posidônio no primeiro livro de *Sobre o Mundo*, e o décimo livro *Sobre o Mundo* de Antípatro. No entanto, Panécio argumentou que o mundo é imperecível.

---

[136] Apolofanes da Antioquia foi um filósofo estoico e aprendiz de Aríston de Quios. (N. do T.)

Além disso, alguns estoicos, incluindo Crisipo, Apolodoro e Posidônio, afirmaram que o mundo é um animal dotado de razão, vida e intelecto. Eles consideravam o mundo como uma essência com vida e sensação, enfatizando sua superioridade devido à sua animalidade. Crisipo, em seu tratado *Sobre a Providência*, e Apolodoro, em sua obra *Filosofia Natural*, apresentaram argumentos para o mundo ser um animal com base em sua posse de vida e sensação. No entanto, Boeto discordava, negando que o mundo fosse um animal.

Mais uma vez, a afirmação de que o mundo é uno é defendida por Zenão em seu tratado *Sobre o Universo*, por Crisipo, por Apolodoro em sua obra *Filosofia Natural* e por Posidônio no primeiro livro de seus *Discursos Sobre Filosofia Natural*. Segundo Apolodoro, o termo "universo" compreende tanto o próprio mundo quanto o conjunto completo do mundo e do vácuo exterior. Portanto, o mundo é finito, enquanto o vácuo é infinito.

LXXI - Das estrelas, aquelas que são fixas apenas se movem em conexão com os movimentos de todo o céu; mas os planetas possuem seus próprios movimentos peculiares. E o Sol percorre um caminho oblíquo através do zodíaco. Da mesma forma, a lua viaja em um caminho sinuoso. O Sol é fogo puro, como afirma Posidônio no sétimo livro de seu tratado *Fenômenos Celestiais*, e é maior que a Terra, conforme nos informa no décimo sexto livro de seus *Discursos sobre Filosofia Natural*. Além disso, é esférico, assim como o mundo em si, de acordo com esse mesmo autor e sua escola. Portanto, é fogo, porque realiza todas as funções do fogo. E é maior que a Terra, como é comprovado pelo fato de toda a Terra ser iluminada por ele, assim como todo o céu. Além disso, o fato de a Terra projetar uma sombra cônica prova que o Sol é maior que ela, e o Sol é visto em todas as partes, devido à sua magnitude. Mas a Lua é de natureza mais terrena que o Sol, uma vez que está mais próxima da Terra.

Além disso, afirmam que todos esses corpos flamejantes e todas as outras estrelas recebem nutrição; o Sol do vasto mar, sendo uma espécie de apêndice intelectual; e a Lua das águas frescas, misturadas com o ar, e também próximas à Terra, como Posidônio explica no sexto livro de sua *Filosofia Natural*. Todas as outras estrelas, segundo eles, obtêm sua nutrição da Terra. Também consideram que as estrelas têm uma figura esférica e que a Terra é imóvel. E que a Lua não tem luz própria, mas pega emprestado do Sol. E que o Sol é eclipsado quando a Lua passa na frente dele do nosso lado, como Zenão descreve em sua obra *Sobre o Universo*; pois, quando ela o cruza em seu trajeto, o oculta e, em seguida, o revela; e esse é um fenômeno facilmente observado em uma bacia de água. A Lua é eclipsada quando entra na sombra da Terra, razão pela qual isso só acontece no momento da Lua cheia; e embora esteja diametralmente oposta ao Sol todos os meses, não é eclipsada todos os meses, porque, quando seus movimentos estão obliquamente em direção ao Sol, não está no mesmo lugar que ele, estando um pouco mais ao norte ou ao sul. Quando, porém, o movimento da Lua em latitude a coloca no caminho do Sol através do zodíaco, e ela fica diametralmente oposta ao Sol, ocorre um eclipse. Agora, a Lua está na latitude exata do zodíaco, quando está nas constelações de Câncer, Escorpião, Áries e Touro, como nos informa Posidônio.

LXXII - Eles também afirmam que a divindade é um ser vivo imortal, racional, perfeito e intelectual em sua felicidade, insusceptível de qualquer tipo de mal, em si mesma, tendo um conhecimento prévio do mundo e de tudo que nele está; no entanto, não possui a forma humana. Ele é, no entanto, o criador do universo e, por assim dizer, o pai de tudo, tanto em geral quanto naquela parte específica dele que é onipresente, e que é chamada por muitos nomes de acordo com seus vários poderes. O chamam de Dia (Δία) como sendo a pessoa (διά) por meio da qual tudo é possível, e Zeus (Ζῆνα), na medida em que é a causa da vida (ξήν), ou porque permeia a vida. E o nome Atena, com referência à extensão de seu poder dominante sobre o éter. E Hera (Ἥρα), devido à sua extensão através do ar (εἰς ἀέρα). E Hefesto (Ἥφαιστος), devido à sua permeação pelo fogo, que é o principal instrumento da arte; e Poseidon (Ποσειδῶν), como permeando o mar, e Deméter (Δημήτηρ), como permeando a terra (Γῆ). E da mesma forma, em relação a alguns outros de seus atributos peculiares, eles lhe deram outros nomes[137].

A substância de Deus é afirmada por Zenão como sendo o mundo universal e o céu; e Crisipo concorda com essa doutrina, em seu décimo primeiro livro *Sobre os Deuses*, e o mesmo acontece com Posidônio, no primeiro livro de seu tratado sobre o mesmo assunto. Antípatro, no sétimo livro de seu tratado *Sobre o Mundo*, afirma que sua substância é

---

137 NOTA DE CHARLES DUKE YONGE – É quase desnecessário observar que Ἀθηνᾶ é o nome de Minerva, não de Júpiter; Ἥρα, de Juno; Ἥφαιστος, de Vulcano; Ποσειδῶν, de Netuno, e Δημήτηρ, de Ceres. Ἥφαιστος é derivado corretamente de φαίνω, brilhar; Ποσειδῶν tem alguma afinidade com πόω, beber. Δημήτηρ é apenas uma variação dialética de Τῆ μητήρ.

aérea. E Boeto, em seu tratado *Sobre a Natureza*, chama a esfera das estrelas fixas de substâncias de Deus.

LXXIII - A Natureza é definida como uma força que se move por si só, produzindo e preservando, sendo sua própria prole, de acordo com princípios seminais dentro de períodos definidos e obtendo resultados homogêneos em suas fontes. Eles argumentam que a Natureza tem como objetivo tanto a utilidade quanto o prazer, como é evidente pela analogia com as habilidades humanas.

LXXIV - A ideia de que todas as coisas acontecem por sorte ou destino é sustentada por Crisipo em seu tratado *Sobre o Destino*[138], e Posidônio, no segundo livro de sua obra *Sobre o Destino*, e por Zenão e Boeto, no décimo primeiro livro de seu tratado *Sobre o Destino*. O destino é definido como uma cadeia interminável de causalidade, pela qual as coisas são, ou como a razão ou como a fórmula pela qual o mundo continua a existir.

LXXV - Além disso, afirmam que a adivinhação em todas as suas formas é um fato real e substancial, se realmente houver Providência. Eles o comprovam como uma ciência com base em certos resultados, como Zenão e Crisipo, no segundo livro de seu tratado *Sobre a Adivinhação*[139], e Atenodoro e Posidônio, no décimo segundo livro de seus *Discursos Sobre Filosofia Natural*, e no quinto livro de seu tratado *Sobre a Adivinhação*, todos concordam em dizer; contudo, Panécio nega que a adivinhação tenha qualquer existência comprovada.

---

138 Do latim: *De Fato*. (N. do T.)
139 Do latim: *De Divinatione*. (N. do T.)

LXXVI - Eles afirmam que a substância de todas as coisas existentes é a Matéria Primária, como Crisipo afirma no primeiro livro de sua *Física*; e Zenão diz o mesmo. Agora, a matéria é aquilo da qual qualquer coisa é produzida. E ela é chamada por uma dupla denominação, essência e matéria; uma em relação a todas as coisas consideradas em conjunto, e a outra em relação a coisas em particular e separadas. Aquela que se relaciona a todas as coisas consideradas em conjunto nunca se torna maior ou menor; mas aquela que se relaciona a coisas em particular, torna-se maior ou menor, conforme o caso.

LXXVII - Corpo é, segundo eles, uma substância e finito; como Antípatro diz, no segundo livro de seu tratado *Sobre a Substância*[140]; e Apolodoro, em sua obra *Filosofia Natural*, concorda com ele. Também está sujeito a mudanças, conforme aprendemos do mesmo autor; pois se fosse imutável, então as coisas que foram produzidas a partir dele não teriam sido produzidas; por esse motivo, ele também diz que é infinitamente divisível: mas Crisipo nega que seja infinito; pois nada é infinito se for divisível.

LXXVIII - Ele admite, no entanto, que é infinitamente divisível, e que suas concreções ocorrem ao longo de toda a sua extensão, como ele explica no terceiro livro de sua *Filosofia Natural*, e não de acordo com qualquer circunferência ou justaposição; pois um pouco de vinho jogado no mar manterá sua distinção por um curto período, mas depois disso, se perderá.

---

140 Do inglês: *On Substance*. (N. do T.)

LXXIX - Eles também dizem que existem alguns *Daemons*, que têm uma simpatia com a humanidade, sendo observadores de todos os assuntos humanos; e que existem heróis, que são as almas de homens virtuosos que deixaram seus corpos.

LXXX - Das coisas que ocorrem no ar, eles dizem que o inverno é o efeito do ar acima da Terra esfriar, devido ao afastamento do Sol para uma distância maior do que antes; que a primavera é uma temperatura agradável do ar, de acordo com a aproximação do Sol em relação a nós; que o verão é o efeito do ar acima da Terra ser aquecido pela aproximação do Sol em direção ao norte; que o outono é causado pelo afastamento do Sol em relação a nós...[141] para aqueles lugares de onde eles fluem.

LXXXI - E a causa da produção dos ventos é o Sol, que evapora as nuvens. Além disso, o arco-íris é o reflexo dos raios do sol nas nuvens úmidas, ou, como Posidônio explica em sua obra *Meteorologia*[142], uma manifestação de uma seção do Sol ou da Lua, em uma nuvem impregnada de orvalho; sendo oco e contínuo à vista; de modo que é refletido como em um espelho, sob a aparência de um círculo. E que cometas, estrelas barbadas[143] e meteoros são fogos que têm existência quando a densidade do ar é elevada às regiões do éter.

Uma estrela cadente é a súbita ignição de uma massa de fogo em rápida movimentação pelo ar, deixando um rastro

---

141 NOTA DE CHARLES DUKE YONGE – Há uma lacuna no texto aqui. Casaubon fornece o significado por meio de uma referência ao tratado de Plutarco *Sobre as Opiniões dos Filósofos*, III. 7, "que os ventos são um fluxo de ar e que eles têm vários nomes em referência aos países de onde eles fluem".
142 Do inglês: Meteorology. (N. do T.)
143 Acredita-se que os gregos antigos chamavam um cometa de "estrela barbada" devido à sua longa cauda. (N. do R.)

atrás dela que apresenta um aspecto de comprimento. A chuva é a transformação de nuvem em água, quando a umidade absorvida pelo sol da terra ou do mar foi apenas parcialmente evaporada. Se essa umidade é resfriada, é chamada de geada. O granizo é nuvem congelada, fragmentada pelo vento; enquanto a neve é matéria úmida proveniente de uma nuvem que se solidificou, como nos conta Posidônio no oitavo livro de seus *Discursos Sobre a Filosofia Natural*. O relâmpago é uma ignição das nuvens causada pelo atrito entre si, ou então quando rompidas pelo vento, como Zenão nos diz em seu tratado *Sobre o Universo*; e o trovão é o barulho que eles fazem ao serem esfregados juntos ou rompidos. O raio é um acendimento súbito que cai com grande violência na terra, das nuvens que são esfregadas juntas ou rompidas, ou, como outros dizem, é uma conversão de ar ígneo violentamente trazido para a terra. Um tufão é um vasto raio, violento e cheio de vento, ou um sopro enfumaçado de uma nuvem rompida. Uma redemoinho[144] é uma nuvem carregada de fogo e vento. Terremotos, dizem, acontecem quando o vento é aprisionado nas cavidades da terra, ou encontra seu caminho para dentro delas, como diz Posidônio em seu oitavo livro; e que algumas delas são agitações, outras rompimentos, outras emissões de fogo, e outras, instâncias de fermentação violenta.

LXXXII - Eles também pensam que o arranjo geral do mundo é desta forma: que a Terra está no meio, ocupando

---

144 No inglês, o tradutor utilizou a palavra "prester", que pode ser entendida tanto como uma nuvem tempestuosa violenta e isolada quanto uma serpente da mitologia medieval que injetava suas vítimas com fogo, fazendo com que morressem queimadas de dentro para fora, provavelmente uma alusão ao veneno. (N. do T.)

o lugar do centro; em seguida vem a água, que é moldada como uma esfera ao redor dela, concêntrica com a Terra, de modo que a esta está na água. Depois da água vem uma camada esférica de ar.

LXXXIII - Existem cinco círculos celestes: o primeiro é o círculo ártico, que é sempre visível; o segundo é o círculo tropical de verão; o terceiro é o círculo equinocial; o quarto, o círculo tropical de inverno; e o quinto é o antártico, que não é visível. Eles são chamados paralelos porque não se inclinam uns para os outros; no entanto, eles são desenhados ao redor do mesmo centro. Mas o zodíaco é oblíquo, cortando os círculos paralelos. Também existem cinco zonas terrestres: a primeira é a zona norte, localizada sob o círculo ártico, inabitável devido ao frio; a segunda é temperada; a terceira é inabitável por causa do calor e é chamada de zona tórrida; a quarta é uma zona temperada, do outro lado da zona tórrida; e a quinta é a zona sul, também inabitável devido ao frio[145].

LXXXIV - Outra de suas doutrinas é que a natureza é um fogo artificial tendendo por um caminho regular à produção, sendo uma espécie de respiração ígnea que procede de acordo com a arte. Além disso, afirmam que a alma é sensível e que

---

145 NOTA DE CHARLES DUKE YONGE – Isso é semelhante à descrição de Virgílio. *Quinque tenent cœlum zonæ, quarum una corusco/Semper Sole rubens, et torrida semper ab igni:/Quam circum extremæ dextrà lævàque trahuntur./ Cœruleâ glacie concretæ atque imbribus atris./Has inter mediamque duæ mortalibus ægris/Munere concessæ Divûm, et via secta per ambas,/Obliquus qua se signorum verteret ordo.* —Georg. I. 233. Não há parte da tradução de Dryden melhor que esta passagem: Cinco cinturões ligam os céus; a zona tórrida/Brilha com o Sol que passa e repassa;/Longe à direita e à esquerda, os extremos do céu,/São dados a geadas, neves e ventos amargos;/Entre o meio. E lá os deuses designaram/Quatro assentos habitáveis para a humanidade,/E, cruzando seus limites, cortam um caminho inclinado,/Que os doze signos regem em bela ordem. I. 322.

é um espírito que nasce conosco; consequentemente, é um corpo e continua a existir após a morte, embora seja perecível. Contudo, a alma do universo é considerada imperecível, e as almas que existem nos animais são vistas apenas como partes da alma universal. Zenão de Cítio, e Antípatro, em seu tratado *Sobre a Alma*, assim como Posidônio, todos afirmam que a alma é um espírito caloroso, pois é por meio dela que temos nossa respiração e somos movidos. Cleantes, portanto, sustenta que todas as almas continuam a existir até serem consumidas; no entanto, Crisipo argumenta que apenas as almas dos sábios perduram. Eles também ensinam que existem oito partes da alma: os cinco sentidos, as faculdades geradoras, a voz e a razão. Por exemplo, a visão é explicada pela existência de um ar luminoso que se estende do órgão da visão ao objeto de forma cônica, com o ápice próximo ao olho e a base formada pelo objeto observado. Da mesma forma, a audição é atribuída ao ar entre o orador e o ouvinte sendo atingido de maneira esférica e agitado em ondas, semelhante às correntes circulares em um reservatório quando uma pedra é lançada nele.

Eles afirmam que o sono é induzido por um relaxamento das faculdades sensoriais relacionadas à parte dominante da alma. Além disso, atribuem as origens das emoções aos movimentos e transformações que ocorrem em conexão com esse espírito ou alma.

LXXXV - Eles definem semente como algo com que a natureza é capaz de produzir outras coisas da sua mesma natureza que a coisa da qual foi separada. E a semente do homem, que o homem emite, é misturada, juntamente com a umidade, com as partes da alma por meio de um tipo de mistura que corresponde à capacidade dos pais. E Crisipo diz, no segundo livro de sua *Filosofia Natural*, que é um espírito em termos de substância; como é evidente pelas sementes que são plantadas na terra; e que, se forem antigas, não germinam, porque toda a sua virtude evaporou. E Esfero diz que a semente procede de todo o corpo e que é assim que ela produz todas as partes do corpo.

Eles também afirmam que a semente da fêmea é improdutiva; pois, como Esfero diz, ela carece de tom, é pequena em quantidade e aquosa.

LXXXVI - Eles também afirmam que a parte dominante da alma é aquela que é a mais excelente; nela são formadas as imaginações e os desejos, e dela procede a razão. E esse lugar está no coração.

Essas, então, são as doutrinas sobre filosofia natural que eles mantêm, parecendo-nos suficiente detalhá-las, levando em consideração as proporções adequadas deste livro. E os seguintes são os pontos nos quais alguns deles discordaram dos demais.

VIDA DE ARÍSTON

I - Aríston, o Calvo, natural de Quios, apelidado de a Sereia, afirmava que o bem supremo consistia em viver em perfeita indiferença em relação a todas as coisas que têm caráter intermediário entre a virtude e o vício; não fazendo a menor diferença entre elas, mas considerando-as todas em pé de igualdade. Pois, segundo ele, o sábio assemelha-se a um ator habilidoso; que, quer esteja desempenhando o papel de Agamenon ou de Tersites, desempenhará ambos igualmente bem.

II - Ele descartava completamente o tema da física e da lógica, afirmando que uma estava além do nosso alcance e que a outra não era motivo de inquietação; e que a única área da filosofia com a qual tínhamos uma preocupação real era a ética.

III - Ele também afirmava que os raciocínios dialéticos eram como teias de aranha; que, embora pareçam ser construídas com base em princípios de arte, são completamente inúteis.

IV - E ele não introduziu muitas virtudes em seu esquema, como Zenão fez; nem uma virtude sob muitos nomes, como os filósofos megáricos fizeram; mas definiu a virtude como consistindo em se comportar de uma determinada maneira com relação a algo específico.

V - E ao filosofar dessa maneira e conduzir suas discussões no Cinosarges, ele ganhou tanta influência que foi chamado de fundador de uma seita. Consequentemente, Milcíades e Diphilus foram chamados de Aristonianos.

VI - Ele era um homem de eloquência muito persuasiva e conseguia se adaptar bem aos humores da multidão. Por essa razão, Tímon diz dele:

> *E aquele que, da astuta raça de Ariston*
> *traçou sua descendência.*

Diocles de Magnésia conta que Ariston, ao encontrar Polemo, passou para sua escola, em um momento em que Zenão estava doente com uma longa enfermidade. A doutrina estoica à qual ele estava mais apegado era aquela que afirmava que o sábio nunca é guiado por opiniões. No entanto, Perseu argumentou contra isso, fazendo com que um dos dois irmãos gêmeos colocasse um depósito em suas mãos e depois fez o outro recuperá-lo; assim, ele o convenceu, pois estava em dúvida sobre esse ponto e, portanto, forçado a agir com base na opinião. Ele era um grande inimigo de Arcesilau[146]. Certa vez, ao ver um touro de formação monstruosa, com um útero, ele disse: "Ai! Aqui está um argumento para Arcesilau contra a evidência de seus sentidos." Em outra ocasião, quando um filósofo da Academia disse que não compreendia nada, Ariston disse a ele: "Você nem vê o homem que está sentado ao seu lado?" E, ao dizer que não via, Ariston recitou o verso:

> *Quem então o cegou, quem foi tão severo*
> *Como tal para roubar seus olhos brilhantes?*

---

[146] Arcesilau (315 a.C. - 240 a.C.) foi um filósofo grego, fundador da Segunda Academia, com sua racionalização cética da filosofia, levando assim o nome de ceticismo acadêmico. (N. do T.)

VII - Os seguintes trabalhos são atribuídos a ele: dois livros de *Exortações*; *Diálogos Sobre as Doutrinas de Zenão*; seis livros de *Sermões*; sete livros de *Discussões Sobre a Filosofia*; *Argumentos Sobre o Amor*; *Comentários Sobre a Vaidade*; vinte e cinco livros de *Anotações*; três livros de *Memorabilia*; onze livros de *Máximas*; um volume de *Contra os Oradores*; um volume de *Resposta aos Rescritos de Alexinus*; três tratados *Contra os Dialéticos*; quatro livros de *Cartas A Cleantes*.[147]

No entanto, Panécio e Sosícrates[148] afirmam que suas únicas obras genuínas são suas cartas; e que todas as outras são obras de Ariston, o Peripatético.

VIII - Dizem que ele, sendo careca, foi atingido pelo sol e morreu. Temos um epigrama zombeteiro sobre ele em poemas escazontes[149], nos seguintes termos:

> *Por que, ó Ariston, sendo velho e careca,*
> *Você permitiu que o sol assasse sua cabeça?*
> *Assim, numa busca imprópria por calor,*
> *Contra sua vontade, você descobriu o inferno frio.*

IX - Houve também outro homem chamado Ariston: um natural de Julii, pertencente à escola peripatética. Outro era um músico ateniense. Um terceiro era um poeta trágico. Um quarto, natural de Aléia, escreveu um tratado sobre oratória. Um quinto era um filósofo peripatético de Alexandria.

---

147 Os nomes das obras em inglês são esses, respectivamente: *Exhortations; Of Zeno's Doctrine; Dialogues; Lectures, Dissertations on Philosophy; Dissertations on Love; Commonplaces on Vainglory; Notebooks; Memorabilia; Anecdotes; Against the Rhetoricians; An Answer to the Counter-pleas of Alexinus; Against the Dialecticians; Letters to Cleanthes*. (N. do T.)

148 Sosícrates de Rodes (180 a.C. - ?) foi um estudioso e historiador grego. (N. do T.)

149 Forma de métrica poética encontrada em poemas do período clássico na Grécia. (N. do T.)

VIDA DE HÉRILOS[150]

I - Hérilos, natural de Cartago, afirmava que o bem supremo era o conhecimento; ou seja, conduzir-se sempre de maneira a fazer da vida científica o padrão de todas as coisas e não se deixar levar pela ignorância. Ele também dizia que o conhecimento era um hábito mental que não se afastava da razão na recepção das percepções.

Em certa ocasião, afirmou que não existia algo como um bem supremo, mas que as circunstâncias e eventos o mudavam, assim como o mesmo bronze poderia se tornar uma estátua de Alexandre ou de Sócrates. Além disso, afirmava que, além do bem maior ou fim (τέλος[151]), havia um fim subordinado (ὑποτελίς) diferente dele. Aqueles que não eram sábios, segundo ele, visavam o último, enquanto apenas o sábio dirigia suas vistas ao primeiro. Todas as coisas entre a virtude e o vício ele considerava indiferentes.

II - Os escritos de Hérilos contêm poucas linhas, mas são cheios de vigor e contêm argumentos contrários a Zenão.

III - Diz-se que quando ele era criança, teve muitos admiradores; e como Zenão desejava afastá-los, persuadiu Hérilos a raspar a cabeça, o que desagradou a todos.

IV - Os livros dele são os seguintes: Um *Sobre o Treinamento*; um *Sobre as Paixões*; um Sobre *Opinião Ou*

---

150 Hérilos de Cartago foi um filósofo estoico discípulo de Zenão. Ele acreditava que o conhecimento era o objetivo da vida. (N. do T.)
151 NOTA DE CHARLES DUKE YONGE – Ὑποτελὶς, um nome dado por Hérilos em Diógenes Laércio para os talentos naturais de um homem, etc., que todos devem ser subordinados à busca do bem maior." - L. & S.

Crença; O Legislador; A Parteira Habilidosa; O Desafiante; O Professor; O Preparador; O Diretor; Mercúrio; Medeia; um livro de *Diálogos;* um livro de *Proposições Éticas.*[152]

---

152 Os nomes das obras em inglês são esses, respectivamente: *Of Training; Of the Passions; Concerning Opinion or Belief; The Legislator; The Obstetrician; The Challenger; The Teacher; The Reviser; The Controller; Hermes; Medea; Dialogues; Ethical Themes.* (N. do T.)

VIDA DE DIONÍSIO

I - Dionísio, o Desertor, como era chamado, disse que o prazer era o bem maior, devido à circunstância de ser afligido por um problema em seus olhos. Pois, como sofria severamente, ele não conseguia dizer que a dor era algo diferente disso.

II - Ele era filho de Teofanto, e nativo da Heracleia.

III - Ele foi aluno, como nos conta Diocles, primeiro de Heráclides, seu conterrâneo; depois de Alexino[153] e Menedemo[154]; e, por último, de Zenão. No início, como era muito dedicado ao aprendizado, ele experimentou vários tipos de poesia. Depois, ele se juntou a Arato, a quem tomou como modelo. Ao deixar Zenão, voltou-se para os Cirenaicos e passou a frequentar bordéis, entregando-se ao luxo sem disfarces.

IV - Quando chegou perto de completar oitenta anos, ele cometeu suicídio passando fome.

V - Os seguintes livros são atribuídos a ele: dois livros *Sobre Apatia*; dois *Sobre Treinamento*; quatro *Sobre Prazer*; um *Sobre Riquezas, Popularidade e Vingança*; um *Sobre Como Viver Entre os Homens*; um *Sobre Prosperidade*; um

---
153 Alexino de Élis (339 a.C. - 265 a.C.) foi um filósofo, discípulo de Eubulides de Mileto e parte da escola megárica. (N. do T.)
154 Menedemo de Erétria (345 a.C. - 261 a.C.) foi um filósofo grego da escola Jônica, discípulo de Fédon de Élis. (N. do T.)

Sobre Reis Antigos; um *Sobre Pessoas Que São Aclamadas*; um *Sobre Os Costumes dos Bárbaros*.[155]

Estes são os principais homens que diferiram dos estoicos. Mas o homem que sucedeu Zenão em sua escola foi Cleantes, de quem devemos falar agora.

---

155 Os nomes das obras em inglês são esses, respectivamente: *Of Apathy; On Training; Of Pleasure; Of Wealth, Popularity and Revenge; How to Live Amongst Men; Of Prosperity; Of Ancient Kings; Of Those Who Are Praised; Of the Custom of Barbarians*. (N. do T.)

VIDA DE CLEANTES

I - Cleantes era nativo de Assos, e filho de Fanias. Ele era, originalmente, um lutador, como aprendemos com Antístenes, em suas *Sucessões dos Filosofos*[156]. E veio para Atenas, com apenas quatro dracmas, como alguns dizem, e se aproximando de Zenão, foi devoto da filosofia da maneira mais nobre, aderindo às mesmas doutrinas de seu mestre.

II - Ele era especialmente notável por sua laboriosidade, uma vez que fora levado pela extrema pobreza a trabalhar para ganhar a vida. Ele costumava tirar água dos poços dos jardins à noite e durante o dia se exercitava em discussões filosóficas. Por esse motivo, ele foi chamado de Freantles[157]. Dizem também que, em certa ocasião, foi levado a um tribunal para prestar contas das fontes de renda com as quais se sustentava em tão boas condições, sendo um sujeito tão robusto. Depois, foi absolvido, tendo como testemunhas o jardineiro de cujo jardim tirava água e uma mulher que vendia refeições que ele costumava preparar. Os juízes de Areópago o admiraram e votaram para que lhe fossem dadas dez minas, mas Zenão o proibiu de aceitá-las.

Dizem também que Antígono o presenteou com três mil dracmas. Em determinado momento, enquanto conduzia alguns jovens a algum espetáculo, aconteceu que o vento levou embora sua capa, e então ficou visível que ele não usava camisa. Isso lhe rendeu grandes aplausos dos atenienses,

---

156 Do inglês: *Successions of Philosophers*. (N. do T.)
157 NOTA DE CHARLES DUKE YONGE – De φρέαρ (phréar), poço, e ἀντλέω (antléō), tirar água.

conforme relatado por Demétrio de Magnésia, em seu ensaio sobre *Pessoas de Mesmo Nome*. E ele foi muito admirado por eles por causa desse acontecimento.

Dizem também que Antígono, que assistia às palestras dele, certa vez lhe perguntou por que ele tirava água; e que ele respondeu: "Será que tudo o que faço é tirar água? Eu não escavo também, e não rego a terra, e não empreendo outro trabalho por amor à filosofia?" Pois Zenão o acostumou a isso, e tinha o hábito de exigir que ele lhe trouxesse um óbolo como tributo[158]. Em outra ocasião ele levou uma das moedas que havia coletado dessa maneira para o meio de um grupo de conhecidos e disse: "Cleantes poderia sustentar até outro Cleantes se quisesse; mas outros que têm meios suficientes para se sustentar buscam viver às custas dos outros; embora apenas estudem filosofia de maneira muito preguiçosa." E, em referência a esses hábitos, Cleantes foi chamado de um segundo Hércules.

III - Ele era muito trabalhador, mas não tinha aptidão natural para a física e era incrivelmente lento. Por essa razão, Tímon diz dele:

> *Quem é este que como um sino percorre as fileiras dos homens*
> *Um estúpido, amante do verso, vindo de Assos*
> *Uma massa de rocha, aventureiro.*

E quando era ridicularizado por seus colegas, ele suportava pacientemente.

---

158 NOTA DE CHARLES DUKE YONGE – O grego utilizado é "ἀποφορὰ", que era um termo especialmente aplicado ao dinheiro que os escravos alugados pagavam ao seu mestre.

IV - Ele dizia que era o único forte o suficiente para carregar o fardo de Zenão. E uma vez, quando foi acusado de covardia, ele disse: "Essa é a razão pela qual eu cometo poucos erros". Ele costumava dizer, em justificativa de sua preferência por seu próprio modo de vida em relação ao dos ricos: "Enquanto eles estavam brincando de bola, eu estava ganhando dinheiro cavando um terreno duro e árido". E ele frequentemente criticava a si mesmo. Uma vez, quando Ariston o ouviu fazendo isso e disse: "Quem é que você está censurando?" e ele respondeu, rindo: "Um velho que tem cabelos grisalhos, mas não tem cérebro".

Quando alguém lhe disse certa vez que Arcesilau não fazia o que devia, ele respondeu: "Desista e não o culpe". E Arcesilau respondeu: "Não serei conquistado pela bajulação." Cleantes, então, disse: "É verdade, mas minha lisonja consiste em afirmar que a sua teoria não condiz com a prática." Quando alguém lhe perguntou que lição ele deveria incutir em seu filho, ele respondeu: "O aviso de *Electra*":

Silêncio, silêncio, que a luz seja o teu passo[159].

Quando um espartano declarou na presença dele que o trabalho era algo bom, ele ficou encantado e dirigiu-se a ele:

Oh, jovem de valor, uma alma tão sábia e tenra
Proclama que você descende do sábio Licurgo[160].

---

159 NOTA DE CHARLES DUKE YONGE – Retirado de Orestes, de Eurípides, I, 140.
160 NOTA DE CHARLES DUKE YONGE – Retirado de uma paródia de Homero, Odisseia, IV, 611. Na versão do Papa, I, 831

Hécato nos diz em suas Máximas que, uma vez, quando um jovem disse: "Um homem que bate no estômago (γαστρίζει) o faz latejar, e um homem que dá um tapa na coxa (μηρίζει), a torna flácida", ele respondeu: "Você fique com os seus quadris (διαμηρίζει)." Isso indica que palavras análogas nem sempre indicam fatos análogos[161]. Uma vez, enquanto conversava com um jovem, ele perguntou a ele se ele via ; e como ele respondeu que sim, "Por que então," disse Cleantes, "eu não vejo que você vê?

Quando Sositheus[162], o poeta, disse no teatro onde Cleantes estava presente:

Homens a quem a tolice de Cleantes impulsiona;

Ele permaneceu na mesma posição; com isso, os ouvintes ficaram surpresos e o aplaudiram, mas afastaram Sositheus. Quando ele expressou seu pesar por tê-lo insultado dessa maneira, Cleantes respondeu gentilmente, dizendo: "Como Baco e Hércules eram ridicularizados pelos poetas sem se irritar, seria um absurdo ele se irritar com abusos casuais". Ele também costumava dizer "que os peripatéticos estavam na mesma condição que as liras, que, embora emitam notas doces, não ouvem a si mesmas." E dizem que, quando ele afirmou que, segundo os princípios de Zenão, era possível julgar o caráter de uma pessoa por sua aparência, alguns jovens espirituosos trouxeram até ele um sujeito devasso, de aparência robusta devido ao exercício constante nos campos, e pediram a ele

---

[161] Fica entendido neste parágrafo que as palavras em grego podem ter significado semelhante de acordo com o contexto da conversa. Com isso, se dá a explicação do autor. (N. do T.)

[162] Sositheus foi um poeta trágico grego e membro da plêiade alexandrina. (N. do T.)

para dizer qual era seu caráter moral. Cleantes, depois de hesitar um pouco, ordenou que o homem fosse embora; e, enquanto ele se afastava, espirrou. "Agora entendi", disse Cleantes, "ele é um devasso."

Ele disse uma vez a um homem que conversava consigo mesmo: "Você não está falando com um homem mau." E quando alguém o repreendeu por sua velhice, ele respondeu: "Eu também estou pronto para partir, mas quando percebo que estou com boa saúde em todos os aspectos, e que posso recitar e ler, fico satisfeito em esperar." Dizem também que ele costumava escrever tudo o que ouvia de Zenão em conchas de ostras e nas escápulas de bois, por falta de dinheiro para comprar papel.

V - Tal era a natureza de Cleantes e, mesmo em tais circunstâncias, ele se destacou a ponto de suceder Zenão na direção da escola, embora Zenão tivesse muitos outros discípulos de alta reputação.

VI - E ele deixou para trás alguns escritos excelentes, que são os seguintes: Um *Sobre o Tempo*; dois *Sobre o Sistema de Filosofia Natural de Zenão*; quatro livros de *Explicações de Heráclito*; um *Sobre Sensação*; um *Sobre Arte*; uma *Resposta a Demócrito*; uma *Resposta a Aristarco*; uma *Resposta a Hérilos*; dois *Sobre Desejo*; um intitulado *Antiguidades*; um *Sobre os Deuses*; um *Sobre os Gigantes*; um *Sobre o Casamento*; um *Sobre Homero*; três *Sobre Dever*; um *Sobre o Bom Conselho*; um *Sobre Gratidão*; um chamado *Uma Exortação*; um *Sobre as Virtudes*; um *Sobre Habilidade Natural*; um *Sobre Gorgippus*[163]; um

---

[163] Gorgippus foi filho de Satyrus I e governou, juntamente ao seu irmão Leucon, o reino do Bósforo entre 389 a.C. e 349 a.C. (N. do T.)

Sobre a Inveja; um *Sobre o Amor*; um *Sobre a Liberdade*; um chamado *A Arte do Amor*; um *Sobre a Honra*; um *Sobre a Glória*; *O Estadista*; um *Sobre Deliberação*; um *Sobre as Leis*; um *Sobre Decidir Como Um Juiz*; um *Sobre a Educação*; três *Sobre Razão*; um *Sobre o Fim*; um *Sobre a Beleza*; um *Sobre Conduta*; um *Sobre Conhecimento*; um *Sobre o Poder Real*; um *Sobre Amizade*; um *Sobre Banquetes*; um *Sobre o Princípio de que a Virtude É A Mesma em Homens e Mulheres*; um *Sobre o Sábio Empregando Sofismas*; um *Sobre a Prática*; dois livros de *Sermões*; um *Sobre o Prazer*; um *Sobre Propriedades*; um Sobre *Problemas Insolucionáveis*; um *Sobre Dialética*; um *Sobre Modos*; um *Sobre Categoremas*.[164]

VII - Estes são os seus escritos.

E Cleantes morreu da seguinte maneira: ele tinha uma inflamação muito grave nas gengivas e, por ordem de seus médicos, absteve-se de comer durante dois dias inteiros. Ele melhorou tanto que seus médicos permitiram que ele voltasse à sua dieta normal; mas ele se recusou a fazê-lo, afirmando que já tinha percorrido boa parte do caminho. Cleantes continuou jejuando pelo resto de seus dias, até a

---

[164] Os nomes das obras em inglês são esses, respectivamente: *Of Time; Of Zeno's natural Philosophy; Interpretations of Heraclitus; De Sensu; Of Art; A Reply to Democritus; A Reply to Aristarchus; A Reply to Herillus; Of Impulse; Antiquities; Of the Gods; Of Giants; Of Marriage; On Homer; Of Duty; Of Good Counsel; Of Gratitude; An Exhortation; Of The Virtues; Of Natural Ability; Of Gorgippus; Of Envy; Of Love; Of Freedom; The Art of Love; Of Honour; Of Fame; The Statesman; Of Deliberation; Of Laws; Of Litigation; Of Education; Of Logic; Of the End; Of Beauty; Of Conduct; Of Knowledge; Of Kingship; Of Friendship; On the Banquet; On the Thesis That Virtue Is the Same in Man and Woman; On the Wise Man turning Sophist; Of Usages; Lectures; Of Pleasure; On Properties; On Insoluble Problems; Of Dialectic; Of Moods or Tropes; Of Predicates.* (N. do T.)

morte, tendo então a mesma idade de Zenão, segundo dizem, e passado dezenove anos como aluno de Zenão.

Temos escrito, também, um epigrama brincalhão sobre ele, que diz assim:

Eu louvo Cleantes, mas louvo Plutão mais ainda; Que não suportava vê-lo envelhecido,

Então lhe deu descanso final entre os mortos,

Que haviam retirado tanta água enquanto estavam vivos.

VIDA DE ESFERO

I - Esfero, nativo do Bósforo, foi, como dissemos anteriormente, pupilo de Cleantes após a morte de Zenão.

II - Quando ele avançou consideravelmente na filosofia, foi a Alexandria, à corte de Ptolemeu Filópator[165]. Certa vez, durante uma discussão sobre se um sábio poderia se rebaixar para manter uma opinião, e quando Esfero afirmou que aquilo não seria possível, o rei, desejando refutá-lo, ordenou que algumas romãs de cera fossem colocadas sobre a mesa; e quando Esfero foi enganado por elas, o rei gritou: você deu consentimento a apresentação falsa. Mas Esfero respondeu muito habilmente: "dei meu consentimento não ao fato de que eram romãs, mas ao fato de que era provável que fossem romãs." Disse também que uma percepção que poderia ser compreendida diferia de uma que era apenas provável.

Uma vez, quando Mnesistratus acusou-o de negar que Ptolomeu era rei, ele respondeu que: "Ptolomeu era um homem com aquelas e outras qualidades, e um rei."[166]

III - Ele escreveu os seguintes livros: Dois *Sobre o Mundo*; um *Sobre os Elementos*; um *Sobre a Semente*; um *Sobre a*

---

[165] Ptolomeu IV Filópator (244 a.C. - 205 a.C.) foi um faraó do Egito que governou de 224 a.C. até sua morte. Era considerado um rei de pulso fraco e sem liderança, entregando tudo nas mãos de seus conselheiros. (N. do T.)
[166] NOTA DE CHARLES DUKE YONGE – Isso faz referência à doutrina estoica ridicularizada por Horácio: *Si dives qui sapiens est,/Et sutor bonus, et solus formosus, et est Rex/Cur optas quod habes?* Que pode ser traduzido como: Se todo homem é rico quando é sábio,/Um sapateiro também, além de preço;/Um homem bonito, e até mesmo um rei;/Por que então lançar seus votos ao acaso?

Fortuna; um *Sobre as Coisas Menores*; um *Contra Átomos e Imagens*; um *Sobre Os Órgãos dos Sentidos*; *Cinco Sermões Sobre Heráclito*; um *Sobre A Construção Correto da Ética*; um *Sobre o Dever*; um *Sobre o Apetite*; dois *Sobre as Paixões*; um *Sobre o Poder Real*; um *Sobre a Constituição de Esparta*; três *Sobre Licurgo e Sócrates*; um *Sobre as Leis*; um *Sobre Adivinhação*; um volume de *Diálogos Sobre o Amor*; um *Sobre os Filósofos de Eretria*; um *Sobre Coisas Semelhantes*; um *Sobre Termos*; um *Sobre Hábitos*; três *Sobre Contradições*; um *Sobre a Razão*; um *Sobre Riquezas*; um *Sobre a Glória*; um *Sobre a Morte*; dois *Livros Sobre a Dialética*; um *Sobre Categoremas*; um *Sobre Termos Ambíguos*; e um volume de *Cartas*.[167]

---

[167] Os nomes das obras em inglês são esses, respectivamente: *Of the Cosmos; Of Elements; Of Seed; Of Fortune; Of Minimal Parts; Against Atoms and Images; Of Organs of Sense; A Course of Five Lectures on Heraclitus; On the Right Arrangement o Ethical Doctrine; Of Duty; Of Impulse; Of the Passions; Of Kingship; Of the Spartan Constitution; Of Lycurgus and Socrates; Of Law; On Divination; Dialogues on Love; Of the School of Eretria; Of Similars; Of Terms; Of Habit; Of Contradictions; Of Discourse; Of Wealth; Of Fame; Of Death; Handbook of Dialectic; Of Predicates; Of Ambiguous Terms; Letters*. (N. do T.)

VIDA DE CRISIPO

I - Crisipo, filho de Apolônio, era natural de Solos ou Tarsos, conforme Alexandre[168] nos conta em suas *Sucessões*. Ele foi discípulo de Cleantes. Antes disso, costumava praticar corrida de longa distância. Depois, tornou-se discípulo de Zenão ou de Cleantes, como afirmam Diocles e a maioria dos autores. Enquanto Cleantes ainda vivia, Crisipo abandonou Zenão e tornou-se um filósofo muito eminente.

II - Ele era um homem de grande habilidade natural e agudeza em todos os aspectos, de modo que em muitos pontos discordava de Zenão e também de Cleantes. A este último, frequentemente costumava dizer que só precisava ser instruído nos dogmas da escola e que descobriria as provas por si mesmo. No entanto, sempre que se opunha com veemência a Cleantes, ele se arrependia, tanto que costumava dizer frequentemente:

Em muitos aspectos, sou um homem feliz,
Exceto quando se trata de Cleantes;
Nesse assunto, estou longe de ser afortunado.

III - Era tão famoso pela dialética que a maioria das pessoas pensava que, se os deuses adotassem a dialética, não se valeriam de outro sistema senão o de Crisipo. Ele era trabalhador além de todos os outros homens, como é evidente por seus escritos, já que escreveu mais de setecentos

---

168 Alexandre, o Polímata, foi um culto grego que serviu como tutor escravo para os romanos. Nenhuma de suas obras sobreviveu ao tempo, mas Diógenes Laércio cita o livro *As Sucessões dos Filósofos* como uma de suas fontes de pesquisa. (N. do T.)

e cinco livros. Muitas vezes ele escrevia vários livros sobre o mesmo assunto, desejando registrar tudo o que lhe ocorria; e constantemente corrigia suas afirmações anteriores, usando uma grande quantidade de testemunhos. Tanto que, em um de seus escritos, ele havia citado quase toda a peça *Medeia* de Eurípedes, e alguém que tinha o livro em mãos, quando perguntado sobre o que estava lendo, respondeu: "A *Medeia* de Crisipo". Apolodoro, o ateniense, em sua obra *Coleção de Dogmas*[169], ao desejar afirmar que o que Epicuro havia escrito com força e originalidade, sem ajuda de citações, era muito mais do que todos os livros de Crisipo, diz o seguinte (dou suas palavras exatas): "Pois se alguém tirasse dos livros de Crisipo todas as passagens estranhas, seu papel ficaria vazio."

Essas são as palavras de Apolodoro; mas a velha que vivia com ele, como relata Diocles, costumava dizer que ele escrevia quinhentas linhas todos os dias. Hécato diz que ele se dedicou pela primeira vez a estudar filosofia quando seu patrimônio foi confiscado e apreendido para o tesouro real.

IV - Ele tinha uma estatura pequena, como é evidente pela estátua dele no Cerameico, que está quase oculta pela estátua equestre próxima a ela; em referência a essa circunstância, Carnéades o chamava de Crisipo[170] ou Escondido por Cavalo. Certa vez, alguém o repreendeu por não frequentar as palestras de Ariston, que na época estava atraindo muita gente; e ele respondeu: "Se eu tivesse me importado com a multidão, não teria estudado filosofia." E uma vez, quando viu um dialético pressionando Cleantes e propondo

---

169 Do inglês: *Collection of Doctrines*. (N. do T.)
170 NOTA DE CHARLES DUKE YONGE – De κρύπτω (krupto), esconder, e ἵππος (hippos), cavalo.

falácias sofísticas a ele, disse: "Pare de distrair o mais velho de assuntos importantes e proponha essas questões a nós, que somos jovens." Em outra ocasião, alguém queria lhe perguntar algo em particular e falava com ele calmamente, mas quando viu uma multidão se aproximando, começou a falar mais energicamente, Crisipo disse a ele:

> *Ah, meu irmão! Agora seus olhos estão perturbados;*
> *Você estava tão são há pouco; e ainda assim, quão rapidamente*
> *Você sucumbiu à loucura[171].*

V - E nas festas com bebida ele costumava se comportar tranquilamente, movendo as pernas e tal forma, que uma escrava certa vez disse: "São apenas as pernas de Crisipo que estão bêbadas." Sua opinião sobre si era tão elevada que, certa vez, quando um homem perguntou a ele: "A quem devo confiar meu filho?", ele disse: "A mim, pois se eu tivesse sonhado que há alguém melhor do que eu, teria ido até ele para me ensinar filosofia." Em relação a essa anedota, dizem que as pessoas costumavam dizer sobre ele:

> *Ele tem, certamente, um pensar certeiro e sutil,*
> *O resto, são formas feitas do Éter vazio[172].*

E também:

> *Pois se Crisipo não tivesse vivido e ensinado,*
> *A Escola Estoica certamente seria nula.*

---

171 NOTA DE CHARLES DUKE YONGE – Esses versos são de *Orestes*, de Eurípides, v. 247.
172 NOTA DE CHARLES DUKE YONGE – Isso é uma citação de Homero, Odisseia, X, 495. Na versão do Papa, 586. O grego aqui é οἶος πέπνυται. O verso de Homero é este: οἴῳ πέπνυσθαι,/sc: πόρε περσεφόνεια.

VI - Finalmente, quando Arcesilau e Lácides[173], conforme relata Sótion[174] em seu oitavo livro, chegaram à Academia[175], ele se juntou a eles no estudo da filosofia. A partir desse momento, ele adquiriu o hábito de argumentar a favor e contra um costume, discutindo magnitudes e quantidades, seguindo o sistema dos Acadêmicos.

VII - Hermipo[176] relata que, um dia, enquanto estava dando aula no Odeão[177], foi convidado para um sacrifício por seus alunos. Bebendo um pouco de vinho doce puro, ele ficou tonto e, cinco dias depois, partiu desta vida aos setenta e três anos; morrendo na 143ª Olimpíada, como Apolodoro afirma em sua *Cronologia*[178]. Temos escrito um epigrama sobre ele:

> *Crisipo bebeu vinho com a boca aberta*
> *Depois ficou tonto e morreu rapidamente.*
> *Ele pouco se importava com o bem do Pórtico,*
> *Ou com o bem de seu país, ou com sua própria vida querida;*
> *E assim desceu aos domínios do Inferno.*

---

173 Lácides de Cirene (? - 205 a.C.) foi um filósofo e pupilo de Arcesilau, sucedendo-o após a morte na Academia de Platão, em Atenas. Nada restou do seu trabalho. (N. do T.)
174 Sótion (200 a.C. - 170 a.C.) foi um biógrafo e doxógrafo grego. Apesar de suas obras não terem sobrevivido ao tempo, o autor foi uma importante fonte de pesquisa para Diógenes Laércio, que encontrou seus registros em outras, possibilitando a consulta. (N. do T.)
175 Refere-se à Academia de Platão, onde filósofos se reuniam para praticar a filosofia. (N. do T.)
176 Hermipo foi um poeta cômico grego, rival de Aristófanes, ativo entre 435 e 415 a.C. (N. do T.)
177 Um pequeno anfiteatro, comumente utilizado para competições musicais, com a diferença de que possuía uma cobertura para reter o som. (N. do T.)
178 Do inglês: *Cronology*. (N. do T.)

No entanto, algumas pessoas dizem que ele morreu de um acesso de riso descontrolado. Dizem que, ao ver seu burro comendo figos, ele disse à velha para dar ao burro um pouco de vinho puro para beber depois, e então riu tão violentamente que morreu.

VII - Ele parece ter sido um homem de uma arrogância excepcional. De qualquer maneira, embora tenha produzido tantos escritos, nunca dedicou um deles a nenhum soberano. E ficou satisfeito com o julgamento de uma única velha, como Demétrio nos conta em sua obra *Pessoas de Mesmo Nome*. Quando Ptolemeu escreveu a Cleantes, pedindo-lhe para ir até ele ou enviar alguém à sua corte, Esfero foi até ele, mas Crisipo menosprezou o convite.

IX - No entanto, ele mandou chamar os filhos de sua irmã, Aristócrates e Filócrates, e os educou. E foi a primeira pessoa a se aventurar a ministrar aulas teóricas ao ar livre no Liceu, como relata o mencionado Demétrio.

X - Havia também outro Crisipo, natural de Cnidos, um médico do qual Erasístrato atestou que recebeu grandes benefícios. Outro era seu filho e médico de Ptolemeu; ele, após ser alvo de uma falsa acusação, foi detido e punido com açoites. Havia também um quarto, discípulo de Erasístrato; e um quinto era autor de uma obra sobre *Agricultura*[179].

XI - Este filósofo costumava se deliciar em propor questões desse tipo. A pessoa que revela os mistérios aos não iniciados comete um pecado; o hierofante revela aos não iniciados; portanto, o hierofante comete pecado? Outra era: o que não está na cidade também não está na casa; mas um

---

[179] Do inglês: *Agriculture*. (N. do T.)

poço não está na cidade, portanto, não há um poço na casa. Outra era: há uma certa cabeça; essa cabeça você não tem; então, há uma cabeça que você não tem; portanto, você não tem uma cabeça. Novamente, se um homem está em Mégara, ele não está em Atenas; mas há um homem em Mégara, portanto, não há um homem em Atenas. Novamente, se você diz algo, o que você diz sai da sua boca; mas você diz "uma carroça", portanto, uma carroça sai da sua boca. Outra era: se você não perdeu algo, você o tem; mas você não perdeu chifres, portanto, você tem chifres. Embora alguns atribuam este sofisma a Eubulides.

XII - Há pessoas que criticam Crisipo por ter escrito coisas muito vergonhosas e indecentes. Em seu tratado *Sobre os Antigos Filósofos Naturais*[180], ele relata a história de Júpiter e Juno de maneira muito indecente, dedicando seiscentos versos ao que ninguém poderia repetir sem contaminar a boca. Dizem que, embora ele elogie essa história como consistindo em detalhes naturais, a compõe de uma maneira mais adequada para conversas de rua do que para deusas; e em nada se assemelha ao que é mencionado pelos bibliógrafos que escreveram os títulos nos livros. Pois elas não foram encontradas nem em Polêmon, nem em Hipsicrates[181], nem em Antígono, mas foram inseridas por ele mesmo. E em sua obra *República*, ele permite que as pessoas se casem com suas mães, filhas ou filhos. Ele repete essa doutrina em seu tratado *Sobre as Coisas Que Não São Desejáveis Por Si Mesmas*[182], logo no início. E no terceiro livro de seu tratado

---
180 Do inglês: *On the Ancient Natural Philosophers*. (N. do T.)
181 Hipsicrates foi um escritor e historiador grego. (N. do T.)
182 Do inglês: *On Things For Their Own Sake Not Desirable*. (N. do T.)

Sobre a Justiça, aproximadamente no verso número mil, ele encoraja as pessoas a devorarem até os mortos.

No segundo livro de seu tratado *Sobre Meios de Sustento*[183], no qual ele nos adverte, a priori, como o sábio deve fazer para ganhar a vida, ele diz: "E ainda assim, por que ele precisaria prover-se desses meios? Pois se for simplesmente para sustentar a vida, a vida é, portanto, algo indiferente; se for para o prazer, isso também é indiferente; se for para a virtude, isso é suficiente por si só para constituir a felicidade. Mas os métodos para se garantir de meios são ridículos; por exemplo, alguns os obtêm de um rei; e assim será necessário agradá-lo. Alguns obtêm por meio da amizade; e então a amizade se tornará uma coisa a ser comprada por um preço. Alguns por meio da sabedoria; e então a sabedoria se tornará mercenária; e essas são as acusações que ele apresenta."

Mas, uma vez que ele escreveu muitos livros de alta reputação, achei que fosse bom fornecer um catálogo deles, classificando-os de acordo com seus temas. Eles são os seguintes:

Livros sobre Lógica: *Questões Lógicas*; um livro de *Contemplações do Filósofo*; seis livros de *Termos Dialéticos* endereçados a Metrodorus; um *Sobre os Termos Técnicos usados na Dialética*, endereçado a Zenão; um chamado *A Arte da Dialética*, endereçado a Aristágoras[184]; quatro livros de *Julgamentos Provavelmente Hipotéticos*, endereçados a Dioscorides.[185]

---
183 Do inglês: *On the Means of Livelihood*. (N. do T.)
184 Aristágoras de Mileto foi vice-governador de Mileto, cerca de 500 a.C. (N. do T.)
185 Os nomes das obras em inglês são esses, respectivamente: *Logical Theses; The Philosopher's Inquiries; Dialectical Definitions; On the Terms Used in Dialectic; Art of Dialectic; Probable Hypothetical Judgements*. (N. do T.)

O primeiro conjunto de tratados sobre os Tópicos Lógicos, que tratam de coisas, inclui: um ensaio *Sobre Proposições*; um *Sobre As Proposições Que Não São Simples*; dois *Sobre as Proposições Complexas*, endereçados a Athenades; três *Sobre Proposições Negativas*, endereçados a Aristágoras; um *Sobre Proposições Afirmativas*, endereçado a Athenodorus; um *Sobre Proposições Privativas*, endereçado a Thearus; três *Sobre Proposições Indefinidas*, endereçados a Dião; quatro *Sobre a Variedade de Proposições Indefinidas*; dois *Sobre Proposições Referentes ao Tempo*; dois *Sobre Proposições Perfeitas*.[186]

O segundo conjunto contém um ensaio sobre *Proposições Verdadeiras Disjuntivas*, endereçado a Gorgippides; quatro *Sobre Uma Proposição Verdadeira e Hipotética*, também endereçados a Gorgippides; um chamado *Escolhendo Dentre Alternativas*, endereçado a Gorgippides; um livro chamado *Uma Contribuição Sobre os Assuntos Consequentes*; um *Sobre Questões Que Abordam Três Termos*, este também é endereçado a Gorgippides; um *Sobre o Que é Possível*, endereçado a Clitus; um *Sobre o Tratado de Fílo Sobre a Significação*; um *Sobre Em Que Consiste a Proposições Falsas*.[187]

---

186 Os nomes das obras em inglês são esses, respectivamente: *Of Judgments; Of Judgments Which Are Not Simple; Of the Complex Judgment; Of Negative Judgements; Of Affirmative Judgments; Of Judgments Expressed by Means of Privation; Of Indefinite Judgments; On the Variety of Indefinite Judgments; On Temporal Judgments; On Judgments in the Perfect Tense.* (N. do T.)
187 Os nomes das obras em inglês são esses, respectivamente: *Of a True Dinjunctive Judgment; Of a True Hypothetical Judgment; Choosing From Alternatives; A Contribution to the Subject of Consequents; On the Argument Which Employs Three Terms; On Judgments of Possibility; A Reply to the Work of Philo on Meanings; On the Question What Are False Judgements.* (N. do T.)

O terceiro conjunto contém: dois tratados *Sobre Proposições Imperativas*; dois *Sobre Interrogação*; quatro *Sobre Questionar*; um *Resumo do Tema de Interrogação e Exame*; quatro *Tratados Sobre Resposta*; um *Sobre Investigação*; um *Sobre Respostas*; dois ensaios *Sobre Investigação*; quatro livros *Sobre Responder Perguntas*.[188]

O quarto conjunto contém dez livros: *Sobre Categoremas*, endereçados a Metrodorus; um tratado *Sobre o que é Nominativo e Oblíquo*, endereçado a Philarchus; um *Sobre Silogismos Hipotéticos*, endereçado a Apollonides; quatro *Sobre Categoremas*, endereçado a Pasylus.[189]

O quinto conjunto contém: um tratado Sobre os Cinco Casos; um Sobre Coisas Definidas de Acordo com o Sujeito; dois sobre Alteração de Significado, endereçados a Stesagoras; dois sobre Substantivos Próprios.[190]

A próxima classe de seus escritos refere-se às regras de Lógica, com referência a palavras e fala que consiste em palavras.

O primeiro conjunto destes contém: seis tratados *Sobre Expressões no Singular e no Plural*; cinco *Sobre Palavras Isoladas*, endereçados a Sosígenes e Alexandre; quatro *Sobre Palavras ou Frases Anômalas*, endereçados a Dião;

---

188 Os nomes das obras em inglês são esses, respectivamente: *Of Imperatives; Of Asking Questions; Of Inquiry; Epitome of Interrogation and Inquiry; Epitome of Reply; Of Investigation; Of Answering Questions*. (N. do T.)
189 Os nomes das obras em inglês são esses, respectivamente: *Of Predicates; Of Nominatives and Oblique Cases; Of Hypothetical Syllogisms; A Work on Predicates*. (N. do T.)
190 Os nomes das obras em inglês são esses, respectivamente: *Of the Five Cases; Of Enunciations Classified According to Subject Matter; Of Modification of Significance; Of Proper Nouns*. (N. do T.)

três *Sobre os Sorites que se Referem a Palavras*; um *Sobre Solecismos*, endereçado a Dionísio; um intitulado *Discursos Contrários aos Costumes*, endereçado a Dionísio; um sobre *Frases Que Violam o Uso Comum*; um sobre *Dicção*, endereçado a Dionísio.[191]

O segundo conjunto contém: cinco tratados *Sobre os Elementos da Fala e das Frases*; quatro *Sobre a Estrutura de Frases*; três *Sobre a Construção e os Elementos de Frases*, endereçados a Filipe; um *Sobre os Elementos do Discurso*, endereçado a Nícias; um *Sobre Termos Relativos*.[192]

O terceiro conjunto contém: dois tratados *Contra Aqueles que Não Admitem a Divisão*; quatro *Sobre Expressões Ambíguas*, endereçados a Apollos; um sobre *Ambiguidade Figurada*; dois sobre o *Modo de Uso Ambíguo em Silogismos Hipotéticos*; dois *Em Resposta ao Trabalho de Panthoides Sobre Ambiguidades*; cinco *Sobre a Introdução às Expressões Ambíguas*; um livro de *Resumo de Expressões Ambíguas*, endereçado a Epicrates; e uma coleção de instâncias para servir como *Introdução às Expressões Ambíguas*, em dois livros.[193]

---

191 Os nomes das obras em inglês são esses, respectivamente: *Of Singular and Plural Expressions; On Single Words; Of Anomalous Words or Phrases; Of the Sorites Argument as applied to Uttered Words; On Solecisms; On Solecistic Sentences; Sentences violating Ordinary Usage*. (N. do T.)
192 Os nomes das obras em inglês são esses, respectivamente: *Of the Elements of Speech and On Words Spoken; On the Arrangement of Words Spoken; Of the Arrangement and Elements of Sentences; Of the Elements of Speech; Of the Relative Term*. (N. do T.)
193 Os nomes das obras em inglês são esses, respectivamente: *Against Those Who Reject Division; Of Ambiguous Forms of Speech; On Figurative Ambiguities; Of Ambiguity in the Moods of the Hypothetical Syllogism; A Reply to the Work of Panthoides on Ambiguities; Introduction to the Study of Ambiguities; Epitome of the Work on Ambiguities; Materials Collected for the Introduction to the Study of Ambiguities*. (N. do T.)

A próxima classe trata da parte da lógica que lida com raciocínios e modos.

O primeiro conjunto de obras nesta classe contém: a *Arte do Raciocínio e dos Modos*, em cinco livros, endereçados a Dioscorides; um tratado *Sobre o Raciocínio*, em três livros; um sobre a Estrutura dos Modos, endereçado a Stesagoras, em cinco livros; uma *Comparação dos Elementos dos Modos*; um tratado *Sobre Raciocínios Recíprocos e Hipotéticos*; um *Ensaio para Agathon*, também chamado de *Ensaio Sobre Problemas Que Permanecem*; um tratado com *Provas De Que As Proposições Silogísticas São Capazes De Demonstrar uma Conclusão com Auxílio de Uma ou Mais Asserções Secundárias*; um *Sobre Conclusões*, endereçado a Aristágoras; um ensaio, *Como um Mesmo Raciocínio Pode Ser Levantado de Vários Modos*; um de *Resposta Àqueles Que Negam Que o Mesmo Raciocínio Pode Ser Expresso Com ou Sem Silogismo*, em dois livros; três tratados *Contra Aqueles Que Atacam a Resolução de Silogismos*; um *Sobre o Tratado Sobre Modos, por Filo*, endereçado a Timostratus; dois tratados *Sobre Lógica, Endereçados a Timócrates e Filomates: um volume de Questões Sobre Raciocínios e Modos*.[194]

---

[194] Os nomes das obras em inglês são esses, respectivamente: *Handbook of Arguments and Moods; Of Syllogisms; Of the Construction of Moods; Comparison of Moods; Comparison of the Judgements Expressed in the Moods; Of Reciprocal and Hypothetical Syllogisms; To Agathon/Of the Problems That Remais; On the Question What Premisses Are Capable of Demonstrating a Given Conclusion With the Aid of One or More Subsidiary Premisses; Of Inferences; How the Same Syllogism May Be Drawn Up in Several Moods; Reply to the Objections Brought Against Drawing Out the Same Argumente Syllogistically and Without a Syllogism; Reply to the Objections Against the Analyses of Syllogisms; Reply to Philo's Work on Moods; Collected Logical Writings, Addressed to Timocrates and Philomates: A Criticism of Their Works on Moods and Syllogisms*. (N. do T.)

O segundo conjunto contém: um livro de *Raciocínios Conclusivos*, endereçado a Zenão; um sobre *Silogismos Primários Não-Demonstráveis*; um *Sobre a Resolução de Silogismos*; dois livros *Sobre Raciocínios Redundantes*, endereçado a Pasylus; um livro de *Considerações Sobre Silogismos*; um livro de *Silogismos Introdutórios*, endereçado a Zenão; três de *Modos Introdutórios*, endereçados também a Zenão; cinco de *Falsas Figuras de Silogismo*; um de sobre *Método Silogístico Para a Resolução de Argumentos Que Não São Demonstrativos*; um de *Pesquisas Sobre os Modos*, endereçado a Zenão e Filomates (mas este parece ser um título incorreto).[195]

O terceiro conjunto contém: um ensaio *Sobre Raciocínios Incidentais*, endereçado a Athenades (este é novamente um título incorreto); três livros de *Discursos Incidentais Sobre o Meio* (outro título incorreto); uma *Resposta Aos Raciocínios Disjuntivos* de Aminias.[196]

O quarto conjunto contém: um tratado *Sobre Hipótese*, em três livros, endereçado a Meleager; um livro de *Raciocínios Hipotéticos Sobre as Leis*, endereçado também a Meleager; dois livros de *Raciocínios Hipotéticos Para Servir Como Introdução*; dois livros de *Raciocínios Hipotéticos Sobre Teoremas*; um tratado em dois livros, sendo uma *Resolução*

---

195 Os nomes das obras em inglês são esses, respectivamente: *On Conclusive Arguments; On the Primary Indemonstrable Syllogisms; On the Analysis of Syllogisms; Of Redundant Arguments; Of the Rules for Syllogisms; Of Introductory or Elementary Syllogisms; Of the Introductory Moods; Of the Syllogisms Under False Figures; Syllogistic Arguments by Resolution in Indemonstrable Arguments; Inquiries into the Moods*. (N. do T.)
196 Os nomes das obras em inglês são esses, respectivamente: *On Variable Arguments; Variable Arguments Concearning the Mean; A Reply to Ameinias' "Disjunctive Syllogisms"*. (N. do T.)

Dos Raciocínios Hipotéticos de Hedylus[197]; um ensaio, em três livros, sendo uma *Resolução Dos Raciocínios Hipotéticos de Alexandre* (este título é incorreto); dois livros *Sobre Símbolos Explicativos*, endereçados a Leodamas.[198]

O quinto conjunto contém: uma *Introdução à Falácia*, endereçada a Aristocreonte[199]; uma *Introdução aos Raciocínios Falsos*; um tratado em seis livros *Sobre a Falácia*, endereçado a Aristocreonte.[200]

O sexto conjunto contém: um *Tratado Contra Aqueles que Acreditam que Verdade e Falsidade São a Mesma Coisa*. Um, em dois livros, *Contra Aqueles que Recorrem à Divisão para Resolver a Falácia*, endereçado a Aristocreonte; um *Ensaio Demonstrativo Com Provas De Que Não É Apropriado Dividir Termos Indefinidos*; um ensaio, em três livros, em *Resposta às Objeções Contra a Não Divisão de Termos Indefinidos*, endereçado a Pasylus; *Uma Solução de Acordo com os Princípios dos Antigos* endereçado a Dioscorides; um *Ensaio Sobre a Resolução da Falácia*, endereçado a Aristocreonte, este é em três livros; uma *Resolução dos Argumentos Hipotéticos de Hedylus*, em um livro, endereçado a Aristocreonte e Apollos.[201]

---

197 Hedylus foi um poeta epigramático do século III a.C. (N. do T.)
198 Os nomes das obras em inglês são esses, respectivamente: *On Hypotheses; Hypothetical Syllogisms Upon the Laws; Hypothetical Syllogisms to Serve as Introduction; Hypothetical Syllogisms Consisting of Theorems; Solutions of the Hypothetical Arguments of Hedylus; Solutions of the Hypothetical Arguments of Alexander; On Explanatory Symbols.* (N. do T.)
199 Aristocreonte foi filósofo estoico e sobrinho de Crisipo de Solos. (N. do T.)
200 Os nomes das obras em inglês são esses, respectivamente: *Introduction to the Mentiens; Arguments of the Mentiens Type; Of the mentiens Argument.* (N. do T.)
201 Os nomes das obras em inglês são esses, respectivamente: *Reply to those who hold that Propositions may be at once False and True; To those who solve the Mentiens by dissecting it; Proofs showing that Indefinite Arguments ought not to*

O sétimo conjunto contém: um tratado *Contra Aqueles que Afirmam que as Premissas na Falácia são Falsas*; um tratado *Sobre Raciocínio Negativo*, endereçado a Aristocreonte, em dois livros; um livro de *Raciocínios Negativos*, endereçado a Gymnasias; dois livros de um tratado *Sobre Raciocínio por Progressão*, endereçado a Stesagoras; dois livros de *Raciocínios por Interrogação e sobre a Prisão*[202], endereçados a Onetor; um ensaio, em dois livros, *Sobre o Argumento Corrigido*, endereçado a Aristóbulo; outro *Sobre o Argumento Não Aparente*, endereçado a Athenades.[203]

O oitavo conjunto contém: um ensaio *Sobre o Argumento Ninguém*, em oito livros, dirigido a Menecrates; um tratado, em dois livros, s*obre Argumentos Compostos por um Termo Finito e um Termo Indefinido*, dirigido a Pasylus; outro *Ensaio Sobre o Argumento Ninguém*, dirigido a Epicrates.[204]

O nono conjunto contém: dois volumes de *Sofismas*, dirigidos a Heráclides e Pollis; cinco volumes de *Argumentos Dialéticos, que não Admitem Solução*, dirigidos a Dioscorides;

---

be dissected; Reply to Objections urged against those who condemn the Dissection of Indefinite Arguments; Solution in the Style of the Ancients; On the Solution of the Mentiens; Solutions of the Hypothetical Arguments of Hedylus. (N. do T.)
202 NOTA DE CHARLES DUKE YONGE – O raciocínio por progressão é o sorites. A "prisão" é o método de enfrentar este sorites, escolhendo um ponto específico para interromper as concessões exigidas por ele.
203 Os nomes das obras em inglês são esses, respectivamente: *To those who maintain that the Premisses of the Mentiens are false; Of the Sceptic who denies; Negative Arguments, to serve as Logical Exercises; Of the Argument from Small Increments; Of the Arguments affecting Ordinary Suppositions and on those who are Inactive or Silent; Of the Fallacy of "the Veiled Person"; On the Puzzle of "the Man who escapes Detection"*. (N. do T.)
204 Os nomes das obras em inglês são esses, respectivamente: *Of the "Nobody" Puzzle; Of the Arguments derived from the Indeterminate and the Determined; Of the "Nobody" Argument.* (N. do T.)

um ensaio, em um livro, contra o *Método de Arcesilau*, dirigido a Esfero.[205]

O décimo conjunto contém: um tratado em seis livros, *Contra o Costume*, dirigido a Metrodorus; e outro, em sete livros, *Defesa do Costume*, dirigido a Gorgippides.[206]

Portanto, há obras sobre Lógica, nas quatro grandes classes que enumeramos aqui, abrangendo várias questões, sem qualquer conexão entre si, totalizando trinta e nove conjuntos, perfazendo um total de trezentos e onze tratados sobre Lógica.

A próxima divisão compreende aquelas obras que têm como objetivo a explicação de ideias morais.

O primeiro conjunto desta divisão contém: um *Ensaio, Com Uma Descrição da Razão*, dirigido a Teósporo; um *Livro de Questões Éticas*; três livros de *Princípios Que Servem De Fundamento aos Dogmas*, dirigidos a Filomates; dois livros de *Definições de Boas Maneiras*, dirigidos a Metrodorus; dois livros de *Definições do Mal*, também dirigidos a Metrodorus; dois livros de *Definições de Coisas Neutras*, também dirigidos a Metrodorus; sete livros de *Definições de Coisas De Acordo Com Seus Gêneros*, dirigidos a Metrodorus; e dois livros de *Definições De Acordo Com Outros Sistemas*, dirigidos a Metrodorus.[207]

---

[205] Os nomes das obras em inglês são esses, respectivamente: *Of Sophisms; Of Dialectical Puzzles; Reply to the Method of Arcesilaus*. (N. do T.)

[206] Os nomes das obras em inglês são esses, respectivamente: *Attack upon Common Sense; Defence of Common Sense*. (N. do T.)

[207] Os nomes das obras em inglês são esses, respectivamente: *Outline of Ethical Theory; Ethical Theses; Probable Premises for Ethical Doctrines; Definitions of the Good or Virtuous; Definitions of the Bad or Vicious; Definitions of the Morally Intermediate; Definitions of the Generic Notions; Definitions concerned with other Branches of Science*. (N. do T.)

O segundo conjunto contém: um tratado *Sobre Coisas Semelhantes*, em três livros, dirigido a Aristócles; um *Ensaio sobre Definições*, em sete livros, dirigido a Metrodorus.[208]

O terceiro conjunto contém: um tratado, em sete livros, *Sobre as Objeções Incorretas Feitas às Definições*, dirigido a Laodamas; dois livros de *Argumentos Prováveis Relacionados a Definições*, dirigidos a Dioscorides; dois livros *Sobre Espécies e Gêneros*, dirigidos a Gorgippides; um livro *Sobre Divisões*; dois livros *Sobre Contrários*, dirigidos a Dionísio; um livro de *Argumentos Prováveis Relacionados a Divisões, Gêneros e Espécies*; um livro *Sobre Contrários*.[209]

O quarto conjunto contém um tratado, em sete livros, *Sobre Etimologias*, dirigido a Diocles; outro, em quatro livros, *Argumentos da Etimologia*, dirigido à mesma pessoa.[210]

O quinto conjunto contém: um tratado em dois livros *Sobre Provérbios*, dirigido a Zenódoto; um ensaio *Sobre Poemas*, dirigido a Filomates; um ensaio sobre *Como Deve-se Ler Poemas*, em dois livros; um ensaio *Em Resposta Aos Críticos*, dirigido a Diódro.[211]

A próxima divisão refere-se à Ética, vista de um ponto de vista geral, e aos diferentes sistemas decorrentes dela, e às Virtudes.

---

208 Os nomes das obras em inglês são esses, respectivamente: *Of Similes; Of Definitions*. (N. do T.)
209 Os nomes das obras em inglês são esses, respectivamente: *Of the Objections wrongly urged against the Definitions; Probabilities in Support of the Definitions; Of Species and Genera; Of Classifications; Of Contraries; Probable Arguments relative to the Classifications; Genera and Species; Treatment of Contraries*. (N. do T.)
210 Os nomes das obras em inglês são esses, respectivamente: *Of Etymological Matters; Points of Etymology*. (N. do T.)
211 Os nomes das obras em inglês são esses, respectivamente: *Of Proverbs; Of Poems; On the Right Way of reading Poetry; A Reply to Critics*. (N. do T.)

O primeiro conjunto contém: um *Ensaio Contra Pinturas*, dirigido a Timonax; um *Ensaio Sobre a Maneira como nos Expressamos Sobre Algo*, e *Sobre Como Formamos nossas Concepções De Algo*, cada um separado; dois livros de *Reflexões*, dirigidos a Laodamas; um ensaio, em três livros, *Sobre Concepção*, dirigido a Pythonax; um ensaio de que *O Homem Sábio não é Guiado pela Opinião*; um ensaio, em cinco livros, *Sobre Compreensão, Conhecimento e Ignorância*; um tratado *Sobre a Razão*, em dois livros; um tratado *Sobre o Emprego da Razão*, dirigido a Leptines.[212]

O segundo conjunto contém: um tratado que afirma que os *Filósofos Antigos Aprovavam a Lógica, com Provas Para Apoiar os Argumentos*, em dois livros, endereçado a Zenão; um tratado *Sobre Dialética*, em quatro livros, endereçado a Aristocreonte; uma *Resposta Às Objeções Levantadas Contra a Dialética*, em três livros; um *Ensaio Sobre Retórica*, em quatro livros, endereçado a Dioscórides.[213]

O terceiro conjunto contém: um tratado *Sobre Hábito*, em três livros, endereçado a Cleon; um tratado *Sobre Arte e Falta de Arte*, em quatro livros, endereçado a Aristocreonte; um tratado, em quatro livros, *Sobre a Diferença Entre as Virtudes*, endereçado a Diodoro; um *Tratado Para Mostrar Que Todas*

---

[212] Os nomes das obras em inglês são esses, respectivamente: *Against the Touching up of Paintings; How it is we name each Thing and form a Conception of it; Of Conceptions, addressed to Laodamas; Of Opinion or Assumption; Proofs that the Wise Man will not hold Opinions; Of Apprehension, of Knowledge and of Ignorance; Of Reason; Of the Use of Reason*. (N. do T.)

[213] Os nomes das obras em inglês são esses, respectivamente: *That the Ancients Rightly Admitted Dialectic as Well as Demonstration; Of Dialectic; Of the Objections Urged Against the Dialecticians; Of Rhetoric*. (N. do T.)

as Virtudes São Iguais; um tratado *Sobre as Virtudes*, em dois livros, endereçado a Polis.[214]

A próxima divisão refere-se à Ética, relacionada ao Bem e ao Mal.

O primeiro conjunto contém: um tratado em dez livros *Sobre o Honroso e Sobre o Prazer*, endereçado a Aristocreonte; uma *Demonstração De Que o Prazer Não é o Bem Supremo do Homem*, em quatro livros; uma *Demonstração De Que o Prazer Não é um Bem de Modo Algum*, em quatro livros[215]; um tratado *Sobre o que é Dito Por...*[216]

---

[214] Os nomes das obras em inglês são esses, respectivamente: *Of formed State, or Habit, of Mind; Of Art and the Inartistic; Of the Difference between the Virtues; Of the Characters of the several Virtues; Of Virtues.* (N. do T.)

[215] Os nomes das obras em inglês são esses, respectivamente: *Of the Good or Morally Beautiful and Pleasure; Proofs that Pleasure is not the End-in-chief of Action; Proofs that Pleasure is not a Good.* (N. do T.)

[216] NOTA DE CHARLES DUKE YONGE – O restante da vida de Crisipo foi perdido.

**ENCONTRE MAIS
LIVROS COMO ESTE**

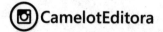